修养卷

人民日报金句

任仲文 ◎ 编

人民日报出版社
北京

图书在版编目（CIP）数据

人民日报金句. 修养卷 / 任仲文编. -- 北京：人民日报出版社，2025.1

ISBN 978-7-5115-8108-2

Ⅰ. ①人… Ⅱ. ①任… Ⅲ. ①格言－汇编－中国 Ⅳ. ①H136.33

中国国家版本馆CIP数据核字（2023）第236025号

书　　名：	人民日报金句・修养卷
	RENMINRIBAO JINJU XIUYANGJUAN
作　　者：	任仲文
出 版 人：	刘华新
策 划 人：	欧阳辉
责任编辑：	周海燕　孙　祺
装帧设计：	元泰书装
出版发行：	人民日报出版社
社　　址：	北京金台西路2号
邮政编码：	100733
发行热线：	（010）65369509　65369512　65363531　65363528
邮购热线：	（010）65369530
编辑热线：	（010）65369518
网　　址：	www.peopledailypress.com
经　　销：	新华书店
印　　刷：	北京盛通印刷股份有限公司
法律顾问：	北京科宇律师事务所　（010）83622312
开　　本：	880mm×1230mm　　1/32
字　　数：	65千字
印　　张：	9.5
版　　次：	2025年1月第1版
印　　次：	2025年2月第2次印刷
书　　号：	ISBN 978-7-5115-8108-2
定　　价：	68.00元

如有印装质量问题，请与本社调换，电话：（010）65369463

出版说明

近些年来,"金句"已经成为网上网下的一个高频词。《人民日报》版面文章中的金句,一直深受读者喜爱。人民日报出版社曾录制多期"人民日报金句"短视频,播出后引发广大读者诵读和摘抄。应读者的需求,特从近年来的《人民日报》版面上精挑细选金句汇编成《人民日报金句·修养卷》,以飨读者。

《人民日报金句·修养卷》主要摘自人民日报社论、评论员文章,以及要闻版、评论版、理论版、党建版、新青年版等版面上的文章。书稿以修养为主题,分为坚定理想、担当作为、求真务实、坚持原则、严于律己、苦练本领六个部分。

我们正处在大有可为的新时代,成就自己的人生理想,担当时代的神圣使命,必须提高内在素质,锤炼过硬本领,不断突破自我,努力创造无愧于时代的精彩人生。

目 录

PART 1
坚定理想
1

PART 2
担当作为
51

PART 3
求真务实
125

PART 4
坚持原则
165

PART 5
严于律己
189

PART 6
苦练本领
235

PART 1

坚定理想

> 理想信念是照亮前路的灯、把准航向的舵,更是驰而不息的桨、长风破浪的帆。
>
> 《人民日报》2019年1月17日第14版

PART 1 坚定理想

如果心不想走，脚就不会出发。状态能否"燃"起来，取决于心灵的温度。生活中，一些人曲解"平淡是福"，不求有功、但求无过，做一天和尚撞一天钟；一些人自诩"无欲无求"，不重过程、不问结果，在得过且过中沉沦；一些人自以为"聪明绝顶"，偷奸耍滑、华而不实，变得左右逢源、八面玲珑；一些人盲信"佛系人生"，凡事"意思意思"就行，失去了进取的意志。种种颓靡状态，皆因心态消极、意志消沉。"有理想的人，生活总是火热的"。心中揣着一团火，锐气才不会散，脚步才不会停。

《人民日报》2019年2月13日第4版

新时代是奋斗者的时代，事业因奋斗而成功，干部靠奋斗而成长。没有奋斗动力的人生，如同缺乏生机的原野；没有奋斗动力的事业，就像失去引擎的航船。"不用扬鞭自奋蹄"的内生动力，根源于圆梦信念，这是干部干事创业之基、积极作为之本。干部坚定筑梦圆梦的信念，才能不断蓄积敢为人先、勇立潮头的闯劲，领头奔跑、冲锋陷阵的拼劲，砥砺奋进、百折不挠的韧劲。奋斗因梦想而激发，惟其梦想伟大，方有奋斗动力；惟其动力充沛，方能书写奇迹。

《人民日报》2019年4月2日第4版

PART 1
坚定
理想

> 坚守从来不是一件容易事，少不了"板凳要坐十年冷"的寂寞、日拱一卒的艰辛，或许还会面临牺牲奉献和重重困难。不断擦拭自己的坚守和初心，朝着目标持之以恒地付出，我们才能在变革时代逐梦前行，成就事业发展的崭新气象。
>
> 《人民日报》2019年4月18日第5版

> 奋斗不容许蛮干;有了理想,奋斗才不会迷航。
>
> 《人民日报》2019年4月29日第9版

PART 1 坚定理想

> 青年正处于人生的关键阶段，做出何种选择、投身何种事业，一定程度上决定了人生的走向和最终的抵达。当下青年的选择是多元的，但总的基调不能变，那就是向上向善。
>
> 《人民日报》2019年5月5日第5版

自古以来，人们喜欢把许多宝贵的品格和精神赋予一种植物。莲花，出淤泥而不染；兰花，山中君子品自高；而红梅品格、竹子情操、胡杨精神，更为人们所倾慕。反过来，许多人又以其品格与精神来砥砺自己、修养自己。也正因此，我们才能活出一个不同凡响的人生。

《人民日报》2019年6月5日第4版

PART 1
坚定
理想

> 无论做学问还是做人，都要坚定理想信念，不断努力奋斗，不停超越自我，哪怕雄关如铁，也要迈步从头越。
>
> 《人民日报》2019年6月10日第9版

常言道，人无刚骨，安身不牢。气节是人生的灵魂支柱和精神脊梁。孔子用"三军可夺帅也，匹夫不可夺志也"称赞气节，孟子倡导"善养吾浩然之气"涵养气节。清代的魏源，把"立节"同《左传》提出的"立德、立功、立言"并列，将"三不朽"补充为"四不朽"。纵观历史不难发现，"凡有成就者，必有高风亮节"。有了气节，人品就有了高度，人格就有了硬度，就能成就一个个顶天立地"大写的人"。

《人民日报》2019年6月21日第4版

PART 1

坚定理想

> 精神在，力量就在，希望就在。树立牢固的使命意识，就会成就了不起的事业。
>
> 《人民日报》2019年7月8日第4版

信仰是奋斗者的舵盘，于航行明确方向。没有信仰，人生很容易陷入漫无目的的窘境，既感知不到目标，也无法找准自己的定位，往往或固步自封不思进取，或南辕北辙误入歧途。而拥有坚定信仰的奋斗者，便明确了努力的方向，知道"该往哪儿走"，也标定了自身的差距，知道"该如何弥补"。即使雾霭重重，也不会停下脚步；即使暂无收获，也不会气馁放弃。纵使千里万里，终会抵达。

　　信仰是奋斗者的长帆，于中流之处激发续航动力。出发时大都是豪情满怀的，但到中途很多人便无以为继了。东晋举家北伐的祖逖或可为榜样，船至中流，进退无据，借力无处。众人迷茫间，唯有他毅然击楫中流，最终成就一番伟业。行百里者半九十，信仰的力量，便是给予奋斗者不竭的动力，低潮逆境中，自能奋勇而前。

　　信仰是奋斗者的铁锚，于风口浪尖牢牢把定底线。船要安全靠岸，需要铁锚下定。人生路上如果丢了信仰，便很难平安落地，检视落马的官员，最初大多也是清清爽爽的奋斗者，但最后无一不是丢失了信仰，扭曲了自己内心，人生自此开始下坠，坠入万劫不复的深渊。

《人民日报》2019年7月28日第5版

PART 1
坚定理想

> 没有奋斗，无以谈人生。社会高速发展，工作节奏加快，竞争压力加大，忙碌本是常态，但有一点应该明白，不是所有的忙碌都叫奋斗，其中差别应是心中是否拥有信仰。只有拥有了真正的信仰，奋斗者才不会迷茫焦虑、徘徊不前，而是乘风破浪、扬帆远航。
>
> 《人民日报》2019年7月28日第5版

方向感来自笃定的内心。人生最关键的就那么几步，特别是在年轻的时候。年轻人在事关前路和命运的一些决定面前，不能靠拍脑袋，要问问自己的内心，不妨在作出判断前，来一次认真的自我审视——认识你自己。

在克己修身方面，中华民族有着丰富的经验和悠久的传统。"君子检身，常若有过"，直面自己，凝视自己的内心，从某种意义上说，这也是一种主动离开舒适区的勇敢之举。生活就算平凡，心底的光芒不能熄灭。就是要经常把自己的心放进高寒地带、荒漠戈壁，在艰苦中磨砺精神，在痛苦中苦练心志。

《人民日报》2019年8月25日第5版

PART 1

坚定理想

　　人有了志向，正如树有根基，便懂得了什么是坚守，在做一些人生选择题时就不会那么草率与多变。那些闪耀在历史天空的先贤往圣，无不是矢志不渝，虽九死其犹未悔，经过艰苦卓绝的奋斗，最终成就一番功业或留下不朽之言。

　　开放社会、现代语境下，青年思想多元，选择也多元，人生目标、职业道路的设定也自然不同，但要摆脱选择的迷惘，彻底走出孤芳自赏的狭小天地，让青春不像无舵之舟一样漂泊不定，唯有立志。

《人民日报》2019 年 8 月 25 日第 5 版

锲而不舍,金石可镂。滴水穿石,体现着朴素哲理,象征着精神力量。从目标、过程、结果来看,水滴虽小,却有一种矢志不移的目标感;水滴虽弱,却蕴藏百折不挠的"过程哲学"。

《人民日报》2019年8月26日第4版

PART 1 坚定理想

一滴水,既小且弱,顽石面前,它未必能亲见自身的价值和成果,但日积月累、终能穿石。干事业也是如此,功成之前,必须有人做默默无闻甚至需要牺牲的铺垫。砥砺"功成不必在我"的精神境界,坚定"功成必定有我"的历史担当,不贪一时之功、不图一时之名,铸牢使命意识,方能"不畏浮云遮望眼",最终"积跬步以至千里"。

《人民日报》2019年8月26日第4版

忠诚是事业之魂。

《人民日报》2019年10月1日第4版

PART 1
坚定理想

> 精神不是万能的,但没有精神是万万不行的。
>
> 《人民日报》2019年10月3日第4版

有多勇毅的行动,就有多壮丽的征程;有多坚定的信念,就有多光明的未来。

《人民日报》2019年10月3日第4版

PART 1
坚定理想

> 人生应当有崇高境界的追求。人生的道理其实很简单，能立定志向，生命就会有所转变；能持之以恒，生命就会脱胎换骨，最后终能获得美好的结果。许多值得羡慕与崇拜的人，大都在认知上掌握了正确方向，然后持之以恒，生命就赢得了精彩。
>
> 《人民日报》2019年12月4日第5版

新时代的劳动者是伟大的追梦者。心怀梦想的人，都值得大家肃然起敬。有梦想的人多了，国家就有力量，社会就会进步，梦想就能照亮祖国的天空。全社会都崇尚劳动、崇尚奋斗，汇聚起来的逐梦力量就将奔腾不息，社会前进的步伐就会更加铿锵有力。

《人民日报》2019年12月10日第4版

PART 1
坚定理想

> 初心是奋斗的"原点",坚守如同"半径",唯有二者兼备,才能画好事业之圆、人生之圆。现实中,很多人一开始也拥有高远的目标、美好的愿景,最终却没有抵达目的地。究其原因,要么是走得太远、忘记了为什么出发,逐渐偏离了正常的轨道;要么是耐不住"板凳要坐十年冷"的寂寞,抵不住"乱花渐欲迷人眼"的诱惑,不愿花时间和精力去凿一口深井,自然也就难以品尝到成功的甘泉。事实证明,做任何事情都是始于初心、成于坚守,守得住、行得稳,才能积蓄力量、厚积薄发。
>
> 《人民日报》2019年12月19日第4版

英雄模范并非高不可攀，从平凡走向伟大的路就在脚下。自觉见贤思齐，像英雄模范那样坚守和奋斗，弘扬其忠诚、执着、朴实的品格，人人都能在追梦征程上为社会进步作出贡献。

《人民日报》2019年12月20日第12版

PART 1
坚定理想

> 平凡因奉献而伟大，平凡因坚守而崇高，平凡因勇敢而伟岸，平凡因付出而出色。"伟大的灵魂，常寓于平凡的躯体。"许许多多无怨无悔、倾情奉献的无名英雄，在平凡岗位上铸就生命的精彩华章，擦亮了道德星空，树起了时代标杆，挺直了民族脊梁。每一个平凡的奋斗者，都是卓越的追梦人。
>
> 《人民日报》2020年1月3日第4版

无论在什么岗位、遇到什么情况，都要有一种工作没干好寝食不安、任务没完成夜不能寐、工作出差错心中愧疚的心态，保持困难面前不低头、艰险面前不退缩、重任面前不懈怠的精气神。

《人民日报》2020年4月15日第9版

PART 1
坚定理想

> 奋斗者永远是年轻的。青春与否,无关乎年龄,而在于心境。用奋斗礼赞时代,用拼搏定义未来,这不仅是年轻人该有的追求,更是每个与时代同行者应有的姿态。奋斗不息,青春不朽。
>
> 《人民日报》2020年5月4日第1版

坚定理想信念，放下疑虑与胆怯，抓住机会、做出改变、勇于尝试、开启探索，这份勇敢的力量不仅鼓舞年轻人面对真实的生活，更是青春不可或缺的元素，激励青年们敢于有梦、勇于奋斗，不惧坎坷磨砺，步履坚定走在实现梦想的征途上。有了勇敢的力量，光芒就在不远处。从生活的细微处入手，每一天都更勇敢一点，每件事都更主动一些，总有一日定会有所成就、有所建树。

《人民日报》2020年8月2日第5版

PART 1
坚定理想

> 凝视的目光，呼应内心坐标，照见格局胸怀。超越名利的羁绊，常思以身许国，就能用信念引领人生选择；就能无惧困境、愈战愈勇，不会怨天尤人、气馁懈怠；就能初心如磐、使命在肩，不会忘记为什么出发。
>
> 《人民日报》2020年8月21日第4版

志向引领航向，给追梦的人定下努力奋斗的方向。开车的人想要"直线行驶"，就不能只把目光投在眼前一隅，只有目光放远，才能笔直前行。对于追梦的人来说同样如此，如果目光短浅，还没起步就可能抛锚；如果一时一个想法，就会在歧路迷失。惟有志存高远，才能行稳致远。

《人民日报》2020年11月15日第5版

PART 1
坚定理想

> 志向赋予力量，让追梦的脚步更加坚定有力。古人云："先立乎其大者，则其小者弗能夺也。"立志如同扎根，根深方能叶茂。一旦有了志向，就不轻言放弃，不断从学习工作中汲取养分，积蓄从小小种子长成参天大树的能量。水激石则鸣，人激志则宏。由此可见，立志让人坚定不移、越挫越勇。
>
> 《人民日报》2020年11月15日第5版

坚定理想信念，拧紧世界观、人生观、价值观这个"总开关"，既严以修身、严以用权、严以律己，又谋事要实、创业要实、做人要实，让"严"与"实"成为自己人生的主基调，未来才能收获更好的成长。

《人民日报》2022年8月16日第4版

PART 1

坚定理想

> 心怀大德,才能在大是大非面前头脑清醒、立场坚定,在大风大浪面前挺直腰杆、站稳脚跟,在大战大考面前挺身而出、冲锋在前。
>
> 《人民日报》2022 年 9 月 4 日第 5 版

只有树立刚健自信、担当有为的人生态度,青春岁月才不会像无舵之舟漂泊不定。

《人民日报》2022年11月1日第6版

PART 1
坚定
理想

　　玉石藏于山中、埋于谷底，与普通石头不分轩轾，如何成为众所敬仰的美玉？坚固细密的玉石，必得经过一番艰苦的切、磋、琢、磨，才会露出质朴面目，显出纯美底色。"玉不琢，不成器"，器与人皆通此理。只有历经雕琢磨砺，唤醒内心的道德律，淬炼信仰的主心骨，才能成为一个有益于国家和人民的人。

《人民日报》2022 年 11 月 9 日第 5 版

浩然之气，是将高尚的道义原则内化为个人的道德品质，进而形成宏大、刚直、正义的精神状态。拥有浩然之气的人，不管处境如何，都会坚持理想不变、志向不变、原则不变，行为国为民之大道。

《人民日报》2023年2月17日第9版

PART 1
坚定理想

在风雨中增长才干,要筑牢坚定的理想信念。奋斗的道路不会一帆风顺,如果跌了一跤就打退堂鼓、畏缩不前,就无法从经验教训中获得滋养,成事、成才更无从谈起。而百折不挠的意志,需要用坚定的理想信念来浇铸。

《人民日报》2023年2月19日第5版

志存高远，方能登高望远。脚踏实地，方能行稳致远。实现梦想的旅途上，二者缺一不可。

《人民日报》2023年4月2日第6版

PART 1
坚定理想

> 志存高远，脚踏实地，意味着树立远大志向后，还要坚持从实际出发，把人生的路一步步走稳走实。道虽迩，不行不至；事虽小，不为不成。
>
> 《人民日报》2023年4月2日第6版

志存高远,脚踏实地,还意味着在日复一日的努力中,不忘最初的梦想,守住内心的志向。真正踏上追梦之旅后,沿途有平川也有高山,有缓流也有险滩,有丽日也有风雨。拥有高远的志向,才能不畏浮云遮望眼。

《人民日报》2023年4月2日第6版

> 树高千尺唯根深。繁花满树、枝繁叶茂，最终是因为根深蒂固。以甘坐冷板凳、甘吃清苦饭的耐心和定力扎下根去，甘做"栽树人""挖井人""拓荒人"，善于做基础性、铺垫性工作，那么在筑牢坚实地基之后，事业大厦也将会一砖一瓦牢固地矗立起来。
>
> 《人民日报》2023年4月13日第4版

"夫志，气之帅也"。对个人而言，不患才不及，而患志不立。青年人有志向，有梦想，知道自己心之所向，就能在面对学业、职业等多方面选择时，多一些笃定、少一些迷茫；面对前进道路上的风雨挑战时，多一些勇敢、少一些退缩，从而为人生积蓄起充足的动力、强大的能量。

《人民日报》2023年8月30日第5版

PART 1
坚定
理想

> 精神状态直接影响工作状态。精神积极昂扬，工作就充满激情、主动性强，工作成效就会高。反之，如果精神消极颓废，人就没有干劲，工作效果就会打折扣。
>
> 《人民日报》2023年9月14日第9版

生活处处充满阳光。关键在于，我们能否朝着阳光生长，传递温暖。或许不是顶天立地的英雄，或许没有惊天动地的壮举，或许缺乏惊心动魄的叙事……然而，正是在波澜不惊的生活里，在擦肩而过的际遇中，我们收获着一份份温暖和感动，汇聚成推动社会前进的精神力量。举手投足间的善意，都有可能成为温暖彼此、造福社会的契机。一段寻常而坚定的守候，一句温柔而暖心的话语，一个果敢而勇毅的举动，那是凡人微光、星火成炬的辉映，是用一束光照亮另一束光、用一片云簇拥另一片云的写照，是"伟大出自平凡，平凡造就伟大"的书写。看到光、萌生爱，平凡的人生也将熠熠生辉。

《人民日报》2024年5月22日第5版

PART 1
坚定理想

在成才路途中，青年要正确对待名利，才能抵达理想的彼岸。正确的名利观会增强奋斗的动力，但过度追求名利则会利欲熏心，以至于忘记自己的初心，反被名利所累。青年好似早晨八九点钟的太阳，朝气蓬勃，正处在长本事、长才干的大好时期，肩负着祖国的未来、民族的希望，人生的追求应该更加崇高一些。

《人民日报》2024年5月26日第5版

志坚方可励行，"登绝顶"贵在"遵道""会心"，认准的路就坚定不移走下去。其实，登山本身也是一个"正心""悟道"的过程。通过一次次的爬坡过坎、援梯而上，站得高，看得远，方向就更明确了，步伐就更坚定了。

《人民日报》2024年10月22日第19版

PART 1 坚定理想

> 为何信仰会有如此巨大的力量？因为它能唤起人们内心深处对正义、公平、美好的向往，这种向往激发了人们诸如勇敢、奉献、忠诚等最真切的情感，从而驱动着他们为实现信仰而不懈奋斗。同时，信仰也是一种伟大的情感，它超越了个人私欲，将个体与更宏大的目标相连接。这种情感能让人在面对艰难险阻时，内心充满力量，因为他们深知自己所坚守的信仰是值得为之奋斗的，这种情感给予人在困境中坚持下去的勇气，让人在面对利益诱惑时不为所动，始终坚守自己的信念。
>
> 《人民日报》2024年11月8日第20版

支持青年人奋斗圆梦，还需要更多宽容和信任。青年是世界观、人生观、价值观形成的重要时期，难免有各种各样的困惑和迷茫。鼓励更多青年树立远大理想，立大志、明大德、成大才、担大任，需要在全社会营造更加宽容友好的环境，为青年挑大梁、担重任创造必要的条件。要更大限度激发青年的积极性、主动性、创造性，鼓励试错、容错、纠错，让他们在新赛道、新领域打开思路、放开手脚。

《人民日报》2024年11月24日第5版

PART 1
坚定理想

在快节奏的时代，广大青年更需要摒弃急功近利的"速成式"心理，耐得住寂寞、稳得住心神，一步一个脚印，在自己的专业领域持续深耕。在"山重水复疑无路"之时，再坚持一下、再往前一步，便能迎来"柳暗花明"。

《人民日报》2024 年 11 月 24 日第 5 版

PART 2

担当作为

伟大出自平凡，英雄来自人民。把每一项平凡工作做好就是不平凡。一边是对于平凡岗位的坚守，一边是对于不凡梦想的追求，中间则是年轻人奋斗不息的青春。只有坚守、奉献、奋斗，才能用平凡生活里的点滴成果酿造出不平凡的人生意义和社会价值。

《人民日报》2019年3月24日第7版

PART 2
担当作为

什么是人生？路遥给出的答案是："人生就是永不休止的奋斗！"无悔、无怨、无憾，展现的是一种追梦的赤诚、奋斗的执着、超脱的追求。选定好目标，勇往奋进以赴之，百折不挠以成之，这样的生活才是充实的生活，人的精神面貌也会保持年轻。内心一团火焰，不为诱惑所动，不为困难所惧，不为世俗所扰，这正是奋斗者应有的姿态。

《人民日报》2019年4月12日第4版

抱怨等同于对奋斗的放弃,在实干家眼里,认准了该做的事情,一定会尽力把它做到最好。

《人民日报》2019年4月12日第4版

PART 2
担当作为

> 追梦无悔，奋斗无怨，结果必然令人欣慰而无憾。无憾，正在于不以成败论英雄，朝着理想的目标不懈努力。即便耗尽一生都无法到达胜利的终点，回首往事时依然可以无憾地说一句："我尽力了"。
>
> 《人民日报》2019年4月12日第4版

探索尝试，并不可怕；负重前行，不是吃亏。"世之奇伟、瑰怪，非常之观，常在于险远"，唯有不断探索尝试，勇于走在前列，才能领略最美丽的风景、成就最壮丽的人生。

《人民日报》2019年5月13日第5版

PART 2
担当
作为

面对没有现成答案的课题、没有先例的实践、没有既往经验的工作，要在实践历练中增长经验智慧，摸清规律、看到本质，练就兵来将挡、水来土掩的硬功夫。

《人民日报》2019年7月1日第5版

> 实干是事业之本,也是底气之源。敢于担当、忠于职守,才能力挑千钧;真正俯身作为,才能挺直腰板。敢作为、真作为、实作为,就会有底气。
>
> 《人民日报》2019年7月10日第4版

PART 2

担当作为

> 青春是用来奋斗的，保持奋斗精神，就没什么不可能。其实青春并不仅仅专属于年轻人，只要有奋斗的抱负、奋斗的精神、奋斗的拼劲与奋斗的执着，任何年龄段的人们也一样青春，彰显活力、生命力与创造力。
>
> 《人民日报》2019年7月14日第5版

年轻人更应该自信，只要富有理想、饱含激情、愿意奋斗，用奋斗定义青春，青春就能永远定格，青春之火就能绵延不绝，青春之光就能熠熠生辉。

《人民日报》2019年7月14日第5版

PART 2
担当作为

因势而谋，应势而动，顺势而为，趁青春，勇敢地挺身奋斗，百折不挠地执着奋斗，锲而不舍地埋头奋斗，才能拓展生命的宽度与厚度，哪怕到了耄耋之年，也会因为之前的奋斗、仍然坚持的奋斗，而自豪于"革命人永远是年轻"。

《人民日报》2019年7月14日第5版

以勤为先、用心投入，铆足劲头，总能把工作干出起色；反之，能混则混、无动于衷，即便个人禀赋再好，也终将一事无成。

《人民日报》2019年7月16日第4版

PART 2
担当
作为

> 平凡人的生活中，总有一些缺憾。特别是对于年轻人来说，我们总是要遇到挫折、遇到失败、遇到误解、遇到不那么幸运的事情；要被烈阳烤、被暴雨淋。这种时刻，不放弃希望，珍爱生活，才会被生活珍爱。
>
> 《人民日报》2019年7月28日第5版

历史和现实证明,谁的"丰收"都不是天上掉下来的,而是拼出来、干出来的。新时代是奋斗者的时代,践行"奋斗哲学"、投身"勤劳革命",苦干巧干、逐梦前行,实干者何愁不能迎来人生出彩的时刻。

《人民日报》2019年8月14日第4版

PART 2

担当作为

> 越是难干越显担当。知责任者,大丈夫之始也;行责任者,大丈夫之终也。
>
> 《人民日报》2019年8月30日第4版

越是难干越能砺志。好事尽从难处得,少年无向易中轻。越是艰苦环境、吃劲岗位,越是困难大、矛盾多的地方,越能磨砺意志。

《人民日报》2019年8月30日第4版

PART 2
担当作为

> 难干的事最能磨炼一个人心性、最能锤炼一个人意志。碰到复杂矛盾,敢抓敢管敢于碰硬,再碰就会少一分慌乱;遇见重大难题,敢闯敢试敢为人先,再遇就会多一分从容。只有经过踏平坎坷成大道的淬火锻压,方有斗罢艰险又出发的坚忍不拔,做到关键时刻冲得上去、复杂局面稳得住脚、危急关头豁得出去。
>
> 《人民日报》2019年8月30日第4版

自知者明，本是指对自身有清醒的认知。让人忧虑的是，一些年轻人自以为有"自知之明"，其实恰恰可能是"不明"，更有可能是因为格局和视野不够而导致的"自我设限"。这会让自己丧失进一步发展的机会，在人生高度上装了一块限高的"天花板"，在人生道路上设了一个难以逾越的障碍。

人们常说年轻是最大的资本，是就其代表的无限可能而言的。如果"自知之明"让你理性分析处境而不失奋斗之心，便是真的"明"。而倘若它让你丧失奋勇争先、砥砺前行的动力，丧失追逐新知识、探索新领域的热情，丧失面对挑战、攻坚克难的勇气，那这"自知之明"便很可能是怯懦的说辞。如果接受它，最终可能让自己年轻的身心"佝偻"于自我设定的条条框框内，日子虽可能暂时安稳，却永远不能得到充分的发展。

《人民日报》2019年9月8日第5版

PART 2
担当作为

> 在奔向梦想的路上，每个人就像一朵浪花，既汇成大海，也依托大海。只要浪花翻滚，永不停歇，就将铸就更大的中国"奇迹"。
>
> 《人民日报》2019年10月23日第12版

> 靠谱，是一种宝贵品质，得敢担当，能成事，如此才值得托付。它是一种能力，更是一种态度。
>
> 《人民日报》2019年11月17日第5版

PART 2

担当作为

> 靠谱的人运气都不会太差。人际关系对成功来说不可或缺,但真正的好人缘,不是靠攀援、靠"勾兑",而是要把自己活成品牌。当身边人提到你都能竖起大拇指赞一句:"靠谱",试问,无论干事创业还是人生幸福,你还缺机会吗?
>
> 《人民日报》2019年11月17日第5版

困难再多，沉下心来就能克服；压力再大，勇敢面对就能化解。

《人民日报》2019年12月23日第5版

PART 2
担当作为

> 关山万千重,山高人为峰。前行中既乐见风景也不拒风雨、既喜见寒梅又无惧寒霜,这是探路者应有的素养,是远行者宝贵的品质。
>
> 《人民日报》2019年12月30日第5版

平凡与伟大的辩证哲理就在于：把每一项平凡工作做好就是不平凡，把每一项小事做好就是大事业；一切平凡的人都可以获得不平凡的人生，一切平凡的工作都可以创造不平凡的成就。当此长河奔腾、万物勃发的新时代，我们更加懂得以梦想坚守平凡、以奋斗创造不凡的价值。无论什么职业，无论处在何方，只要有追求、有闯劲、有奋斗，任何人都可以在梦想的舞台上展现人生价值。

《人民日报》2020年1月3日第4版

PART 2
担当
作为

> 我们无法违抗寒来暑往、春秋代序的时间规律，却可以通过奋斗赢得尊严，通过梦想矫正惰性，通过规划描绘未来，通过改革开拓动能，通过履责收获不凡。时间是个变量，但主动权掌握在每个人手中。
>
> 《人民日报》2020年1月7日第4版

> 对事业执着，就要狠抓落实。这种执着，是信念支撑的自觉，是职责所在的坚韧，是真执行、真干事、真见效的行动。
>
> 《人民日报》2020年4月20日第4版

PART 2 担当作为

一事当前,是首先考量一己之私、权衡个人得失,还是勇于担当、甘于奉献,映照着一个人的修为与境界。越是急难险重之事,往往越能成为一面镜子。古人曾以金论人,用"成色"形容品格的优劣,用"分两"比喻功名的分量,认为"盖所以为精金,在足色而不在分两"。这给人以启示:"精金"重在"足色"。对个体而言,如果只追求表面上的分量而内在的成色不足,难成"真金""精金";只有真正做到"足色",才能在炽热的烈火中迸发出夺目的光彩。

《人民日报》2020年5月7日第4版

大事难事看担当，考验面前见精神。越是爬坡过坎、滚石上山，越需要一往无前的姿态、舍我其谁的境界，越呼唤挺身而出的闯将、干将。

《人民日报》2020年5月12日第4版

PART 2 担当作为

人们常说，人总是希望寻求确定性以获得安全感。但事实上，这种寻求方式不外乎两种。一种是求之于外，寻找外部世界的确定性，不过外部世界不是一成不变的，而是变化的。一种是诉之于内，通过拓展自身的能力边界，来适应不断变化的外部世界，正所谓以变应变。历史和现实均表明，自胜者进，自强者胜。遭遇困难挑战之时，与其坐而待变，不如起而行之、自立自强。

《人民日报》2020年6月10日第4版

人因工作而自立，也因工作而美丽。从某种意义上说，工作滋养人生，可为精神赋能。一个把工作当事业的人，就能心无旁骛、专心致志，投入热情与精力，追求尽职尽责、尽善尽美；就能兢兢业业、埋头苦干，变困难和挫折为"垫脚石"，在攻坚克难中体味奋斗的乐趣；就能不计名利、甘于奉献，把自己的命运同国家和人民的利益紧密联系在一起，实现从"小我"到"大我"甚至"无我"的精神升华、人生跨越。

《人民日报》2020年7月14日第4版

PART 2

担当作为

我们也许有一份不错的工作，但往往缺乏一种深入骨髓的挚爱，或许只把它视为一种职业。我们也许曾把干好工作当作努力的目标，但往往缺乏做到极致的追求，一遇到困难就打退堂鼓。我们也许口头上表示过要淡泊名利，但往往缺乏无私与忘我的境界，时常患得患失。哲人有言："只有情感，而且只有大的情感，才能使灵魂达到伟大的成就。"永葆初心，把对国家、对人民的情感融入骨髓和血脉，倾注于工作与事业，才能释放永不枯竭的人生动力。

《人民日报》2020年7月14日第4版

事业是实干出来的，幸福是奋斗出来的，青春的样子就是奋斗的样子。从"书山有路勤为径，学海无涯苦作舟"的良训，到鲁迅先生"把别人喝咖啡的时间"用来写作的努力，都反复揭示一个简单而又深刻的道理：踏踏实实、努力奋斗才是成功的秘诀所在。世上有没有随随便便的成功，有没有轻轻松松的捷径？茅以升的话就是最好的回答："勤奋就是成功之母。"天上不会掉馅饼，种瓜得瓜，种豆得豆，有什么样的奋斗就有什么样的人生。离开了奋斗，寸步难行，一事无成。

《人民日报》2020年7月16日第4版

PART 2
担当作为

> 做出新改变、面对不确定总是充满艰难，但最佳时刻，往往发生在一个人的身心为了达成艰难目标或完成有意义的事情，而自愿挑战极限的时候。向惯性告别，勇于挑战未知，走出舒适圈的那一刻，则常常意味着成长的开始。
>
> 《人民日报》2020年8月2日第5版

对勇敢者而言，要坚定的不仅是不畏惧、不胆怯的生活方式，更是不服输、不言败的人生态度，如此方能愿拼搏、敢担当、可成事。诗人郭小川曾说："青春的魅力，应当叫枯枝长出鲜果，沙漠布满森林，大胆的想望，不倦的思索，一往直前的行进，这才是青春的美，青春的快乐，青春的本分。"在年轻人的行囊里，勇敢的梦想必不可少，勇敢的行动才能让梦想开花结果。

《人民日报》2020年8月2日第5版

PART 2
担当作为

"闯"，彰显无惧风浪、一往无前的气概，体现勇于担当、积极作为的态度，激扬不甘平庸、开拓创新的精气神。敢闯敢试的姿态，总能感染心灵、润泽心田，给人以勇气，给人以力量。

《人民日报》2020年10月21日第4版

伟大出自平凡，平凡造就伟大。把每一项平凡工作做好，就是不凡；所有的不凡，无不基于平凡的日积月累。

《人民日报》2022年8月15日第1版

PART 2

担当
作为

> 业绩都是干出来的,真干才能真出业绩、出真业绩。
>
> 《人民日报》2022年8月15日第5版

"没有小岗位,只有大事业",干任何一行,只要始终抱有热情,愿意钻进去,就能干出一番成就。

《人民日报》2022年8月18日第5版

PART 2
担当
作为

> 事业心、责任感，落脚点都在踏踏实实地奋斗实干。实干是青春最响亮的誓言，行动是青年最有效的磨砺。
>
> 《人民日报》2022 年 8 月 24 日第 4 版

幸福不会从天而降，梦想不会自动成真，唯有奋力拼搏，才能创造精彩。抖擞精神、焕发斗志，顽强拼搏、不懈奋斗，每个人都能成就属于自己的出彩人生。

《人民日报》2022年10月12日第1版

PART 2
担当
作为

> 担当,是勇于扛起肩上的责任,做该做的事、担该担的责,是一种勇气。
>
> 《人民日报》2022年10月19日第4版

无论什么岗位、什么行业、什么角色,最重要的是继承和发扬永久奋斗好传统,在新时代的广阔天地中顽强拼搏、创新创造、砥砺前行。把青春融入党和人民的事业,用奋斗绘就亮丽的画卷。

《人民日报》2022 年 10 月 30 日第 5 版

PART 2
担当作为

> 人才成长都有一个磨练的过程,思想成熟都需要实践的经历,只有多做几次"热锅上的蚂蚁",接几次"烫手的山芋",才能激发潜能,真正百炼成钢。
>
> 《人民日报》2022年11月22日第18版

> 只要方向对,就不怕路途遥远;只要坚持,再冷的板凳也能焐热。
>
> 《人民日报》2022年11月27日第5版

PART 2
担当
作为

> 担当实干还要讲究方式方法。实干不是蛮干，必须让实际工作体现时代性、把握规律性、富于创造性。
>
> 《人民日报》2022年12月27日第17版

铆定了目标，就要横下一条心向前冲，滚石上山、爬坡过坎、披荆斩棘，面对危险不畏惧不退缩，面对失败不气馁不灰心，面对挑战敢斗争勇冲锋，面对压力顶得住能扛事。

《人民日报》2022年12月27日第17版

PART 2
担当
作为

> 青年一代要勇于在艰苦奋斗中净化灵魂、磨砺意志，在斗争一线经风雨、见世面、练本领。实践启示我们，只有在艰苦奋斗中才能涵养正确的价值观和人生观，只有在艰苦奋斗中才能磨炼坚强的决心和韧性，只有在艰苦奋斗中才能丰富阅历、增强本领。
>
> 《人民日报》2023 年 1 月 20 日第 15 版

人间万事出艰辛，越是美好的梦想，越需要付出艰辛努力，越需要知重负重、砥砺前行。一切办法，只有在实干中才能付诸实施；一切问题，只有在实干中才能逐步解决；一切机遇，只有在实干中才能牢牢抓住。只要我们保持定力，鼓足斗志，坚持奋斗，就一定能逢山开路、遇水架桥，在攻坚克难中创造新的成绩。

《人民日报》2023年2月1日第4版

PART 2

担当
作为

> 有职必有责，有责就要有担当。有多大担当才能干多大事业，尽多大责任才会有多大成就，担当作为的底色衬托着事业发展的成色。越是责任重大的岗位，遇到的压力肯定会越大，必须有事不避难、义不逃责的精神。
>
> 《人民日报》2023年2月9日第5版

只要保持"千磨万击还坚劲"的定力，具有"不畏浮云遮望眼"的清醒，集中精力办好自己的事，就能不为杂音噪音所惑，不为风险挑战所阻，在各种可以预见和难以预见的狂风暴雨、惊涛骇浪中增强生存力、竞争力、发展力、持续力，最终抵达梦想的彼岸。

《人民日报》2023年2月22日第4版

PART 2
担当作为

> 实干是追梦逐梦,需怀抱雄心壮志。船的力量在帆上,人的力量在心上。心怀追梦之志,实干就有不竭动力。
>
> 《人民日报》2023年2月23日第4版

实干是攻坚克难，当奋力闯关夺隘。人生天地间，长路有险夷。干事创业，有风有雨是常态，风雨兼程是状态。无论个人还是团队，想干事、干成事，总会遇到困难和风险。面对艰难险阻，敢于迎难而上，才能开辟通途；面对风高浪急，勇于开顶风船，才能绝处逢生。

《人民日报》2023年2月23日第4版

PART 2　担当作为

　　道虽迩，不行不至；事虽小，不为不成。美好的蓝图不会自动实现，仰赖于苦干实干、踏实奋斗。尤其是碰到矛盾和困难时，绝不能打退堂鼓、放不开手脚。

《人民日报》2023年4月10日第5版

奋斗不是无根之木、无源之水，只有立根在祖国和人民最需要的地方，青春才能绽放绚丽之花。

《人民日报》2023年5月4日第4版

PART 2
担当
作为

> 干事创业，目标任务一旦确定，就要发扬钉钉子精神，全力以赴，久久为功。对于个人成长来说，发扬钉钉子精神，脚踏实地，一点一滴积累，才能增长学识、锻炼才干。对于一个单位、一个地区发展来说，在目标任务确定之后，发扬钉钉子精神，一任接着一任干，一张蓝图绘到底，才能干出成效。
>
> 《人民日报》2023年6月5日第9版

事不避难、义不逃责,敢于担当、善于作为,才能把一个个"不可能"变为"一定能"。

《人民日报》2023年6月30日第5版

PART 2

担当
作为

人间万事出艰辛。越是美好的梦想，越需要发扬"自找苦吃"的精神；越是伟大的事业，越需要拿出"事不避难"的劲头。

《人民日报》2023年7月6日第4版

青年是时代发展的最蓬勃动力。青春是乘风破浪的：世界之大，有太多的知识值得学习，太多的未知值得探索，对学习保持热爱、对奋斗充满热情、对困难无所畏惧，才能激扬青春的澎湃力量。青春是志趣高洁的：要积极敞开心胸、拥抱自然，始终保持纯粹、向往本真，坚持崇尚文明、铸就美好，在志存高远中阔步前进，在涵养身心中敦品励行。青春是风华正茂的：在平凡岗位坚守奉献，在基层一线经受磨砺，在急难险重时冲锋在前，在创新创业中敢为人先，青春将在奋斗中出彩闪光。

《人民日报》2023年8月16日第5版

人的一生时间有限，有的人可以在多个方面有所成就，也有人在某一个领域深耕细作。对于大多数人来说，不一定能做到事事精通、面面俱到，但可以葆有"一辈子办成一件事"的执着，在自己的岗位上对国家、对人民有所贡献。

《人民日报》2023年9月27日第13版

担当是一种精神、一种境界、一种情怀。一切难题，只有在实干担当中才能破解。敢担当、愿担当、能担当，就能在平凡岗位上创造不凡业绩，真正成就自我。

《人民日报》2023年10月12日第5版

PART 2
担当
作为

> 有梦想、肯奋斗，就能向着更远的目标扬帆远航，见识更美的人生风景。忙于生计、条件有限、青春不再，哪一个都不是妨碍追梦的理由。人生因梦想而前行、因奋斗而成就。付出与收获的正相关关系，正是对所有人的激励。心中有光，脚下有路，每个人都能在追梦路上一往无前，书写与众不同的"人生剧本"。
>
> 《人民日报》2024年1月9日第5版

"狭路相逢勇者胜",与困难角力、与阻力对垒,只有坚定必胜信心、激扬奋进伟力,克服一切不利条件去争取胜利,才能踏平坎坷、筑就坦途。

《人民日报》2024年3月1日第6版

> PART 2
> 担当作为

到广阔天地里打拼，注定要经受更多风雨。当今社会转型加速，机遇与风险并存，有知识技能缺人生历练，有创意想法缺创业本钱，都可能让年轻人在走入社会后遭到挫折。这需要年轻人对坎坷估计得更充分一些、对风险思考得更深入一些，不因过去的成绩而沾沾自喜，不因今天的困难而妄自菲薄，保持奋斗的韧劲勇往直前，才能在风雨后见到彩虹，成长为堪当民族复兴重任的时代新人。

《人民日报》2024年3月3日第5版

当好坚定行动派、实干家,要时刻保持箭在弦上的备战姿态,坚持底线思维、增强忧患意识,将"时时放心不下"的责任感切实转化为"事事心中有底"的行动力。

《人民日报》2024年3月19日第19版

PART 2
担当作为

"板凳要坐十年冷,文章不写一句空。"说的虽然是做学问,但做人做事的道理大抵如此。坐得住冷板凳,才换得来"热沙发"。能够把冷活做实、冷事做热、冷门做火,练就看家本领,久久为功,时间自然会让成功热情而至。

《人民日报》2024 年 4 月 14 日第 5 版

担当是一种责任、一种精神、一种情怀,需要无我的境界、无私的品格。一切难题,只有在担当作为中才能破解。敢于担当者,不是坐而论道的清谈客,而是起而行之的实干家,平常时候看得出来、关键时刻站得出来、危急关头豁得出来;有心怀"国之大者"的高瞻远瞩、"多打大算盘、算大账"的战略眼光、"时时放心不下"的责任感,始终为人民谋利、为全局添彩。

《人民日报》2024年4月25日第9版

PART 2
担当作为

> 成才的意义不仅在于结果,更在于过程。人生没有所谓"白走的路",路上的每一步都是对未来的铺垫。正如建一座大厦,每一块砖、每一粒沙都必不可少,唯有一砖一瓦用心建造,万丈高楼才会拔地而起。
>
> 《人民日报》2024年5月26日第5版

抓落实,贵在"坚定不移"。看准了的事,就应当义无反顾地干。这是百折不挠的决心,也是久久为功的耐心。

《人民日报》2024年7月9日第19版

PART 2

担当作为

人生旅途难免会遇到一个个"岔路口",面临一道道"选择题"。与在学校考试时所做的选择题不同,人生的选择题往往没有标准答案。因此,不必早早给自己的未来设限,对热爱的事业要敢试敢为,在不懈努力中积累经验,一步步将理想变为现实。

《人民日报》2024年7月21日第5版

大胆探索，是以守正为前提的勇毅担当，凡是有利于党和人民的事，就要事不避难、义不逃责，大胆地干、坚决地干，这才是对历史负责、对人民负责、对国家和民族负责；是以创新为特征的胆识谋略，"既敢于出招又善于应招"，掌握看家本领，成为行家里手，富有胆识谋略，就能做到处变不惊、心中有数，进而分类施策，有效解决矛盾和问题。

《人民日报》2024年8月16日第4版

PART 2
担当
作为

> 尽力而为突出的是担当与干劲。不管"行小舟",还是"走大船",都必须中流击水、奋楫扬帆,才能百尺竿头更进一步。
>
> 《人民日报》2024年9月9日第4版

没有逢山开路、遇水架桥的闯劲，没有革命加拼命的强大精神，就不可能激发潜能、奋力一跃，把一个个不可能变成一定能，创造一个个人间奇迹。

《人民日报》2024年9月9日第4版

PART 2
担当
作为

坚持敢作善为,才能创造性落实,在实践中大胆探索。

《人民日报》2024 年 9 月 24 日第 4 版

PART 3

求真务实

人生是不可彩排的单程路，过去的每一天、每一次经历，或是顺风顺水的坦途，或有鲜花与掌声的光彩，甚或冷雨与失意的打击，标注着成功的经验、失败的教训，但都在今天成为历史。我们既不能在昔日的辉煌中沉醉，也不能在过去的失败中消沉。

《人民日报》2019年2月11日第4版

PART 3
求真务实

奔跑在岁月不居、时节如流的追梦路上,惟其只争朝夕,以"又日新"的时间更新,方可御风奋进;行进在不进则退、非进不可的征程上,惟其敢为人先,以"又日新"的作为创新,才能书写新篇;置身于百舸争流的竞争中,惟其奋楫争先,以"又日新"的自我革新,方能化茧成蝶。

《人民日报》2019年2月11日第4版

坦诚对待自己的所学所知，不在学识不及自己的人面前狂妄自大，也不超出能力范围滥竽充数，与其说是一种谦逊，毋宁说是一种智慧。孔子早在2000多年前就告诫弟子，"知之为知之，不知为不知，是知也"。诗人们也会赞美，"谦虚是最高的美德"。可以说，一个人只有不矜不伐、不骄不躁，学品才靠得住，人品才立得稳。

《人民日报》2019年2月14日第4版

PART 3
求真务实

> 年轻人刚步入社会，往往容易被各种各样的"名头"所迷惑。有的人心浮气躁，想通过虚构"名头"打造一种"人设"，一劳永逸；有的人底气不足，急于找一个"名头"壮声势，这些或许可以哄自己一时，但终究难以持久，等到"人设"崩塌时，信誉也消耗殆尽。其实，集聚名声的最好方法，就是踏实做好每一件事，让眼下每一份经手的工作都尽力做到完善，这才是"无招胜有招"。
>
> 《人民日报》2019年5月5日第5版

"大人不华，君子务实"。在前进的道路上，力戒华而不实的虚浮之气，锻造求真务实的朴素本色，方可在辛勤耕耘中改变面貌、升华境界。空谈误国、实干兴邦，应是所有奋斗者的座右铭。

《人民日报》2019年6月19日第4版

PART 3
求真务实

追求快速成功是进取精神的一种体现，扎实积累才是生命的积极存在。无论是谁，都不可能用百米冲刺的速度去跑马拉松，慢一些反而可以跑得更远。欲速则不达，慢工出细活，磨刀不误砍柴工，有时慢一些反而可以弯道超车。安营扎寨、步步为营的耐心，同披坚执锐、长驱直入的热烈，并不矛盾。任何事业都难以一蹴而就，都有一个循序渐进、量变积累的过程。"涓流积至沧溟水，拳石崇成泰华岑"。慢是成事出活的基础，坐足冷板凳，攒够基本功，最后月中折桂是必然。

《人民日报》2019年7月12日第4版

专注于日积月累，所以成功才能举重若轻、驾轻就熟。然而，也有许多人，并不懂得这个道理，或是变换奋斗目标如同看电视换台，三天打鱼两天晒网，或是渴望一夜暴富，工于取巧、偷奸耍滑。殊不知，拔苗助长必适得其反，急功近利必自毁长城。成于坚忍，毁于急躁，世间事往往遵循这样的规律。从"起跑线恐慌""成名趁早焦虑"，到"速度情结""换挡焦虑"，倘若"时间感"被急躁和盲目所驱使，急不可耐、急于求成，到头来只会是万事归空、一无所成。

《人民日报》2019年7月12日第4版

PART 3
求真务实

　　跨出校门，相比于对适应不了社会的担心，其实我们更应该担心太过于"适应"社会。不必过早地急于"成熟"，因为别人告诉你的所谓"成熟"的人应该做的事，未必就是一条适合你的正确道路。年轻时，用自己的眼睛去看，用自己的耳朵去听，用自己的心灵去感受，让生活的可能性得到充分延展，总有一天，你会找到最适合自己的那条道路。

《人民日报》2019 年 7 月 14 日第 5 版

> 对每一个人来说，岗位或许普通，但事业未必平凡，只要有那么一股子求真务实精神，保持脚踏实地的奋斗姿态，我们就能绽放属于自己的精彩，实现人生价值的拔节生长。
>
> 《人民日报》2019年7月23日第5版

PART 3
求真务实

> 实干是一种工作态度和人生哲学，是一门必须认真对待的"必修课"，修好了，才能干出个样子，把事业写在脚下这片辽阔的土地上。
>
> 《人民日报》2019年8月13日第19版

如何成为时间的朋友？正在发生的历史和那些与时间站在一起的人都给我们以启示：锚定目标，专注当下，保持节奏，持续努力。

但生活中我们常常会陷入相反的循环中。目标很明确，心情却太急迫，有的人在速成情绪裹挟下，很难保持内心的节奏。速成本就难成，一旦遭遇挫折即陷入负面情绪的漩涡，久而久之，如入无物之阵，无处发力——时间成了敌人。

《人民日报》2019年10月27日第6版

PART 3
求真
务实

  如果你细心观察，身边其实不乏时间的朋友们。大家都是一样的起点，他们开始甚至并不出众，但时间似乎一直在为他们赋能，他们的表现也越来越出色。其实哪里是时间的魔力，人家不过是每天更专注一些，更努力一些。更进一步说，时间对每个人来说都是不可再生的有限资源，如何配置它，将直接决定人生是怎样的模样。

  而身处大时代的年轻人，与祖国共奋进，与时间做朋友无疑是最明智的选择。而时间，也定会喜欢你努力的样子，选择与你站在一起。

《人民日报》2019 年 10 月 27 日第 6 版

"不留痕迹"却有存在感，看似是个悖论，实则富含哲理。这充分说明，存在感是靠实实在在的行动干出来的，与外在的、表面的"痕迹"关系不大。那些越是看淡名利、想"隐藏"自己的人，越能"彰显"自己。即使我们不知道他们是谁，也会由衷地钦佩他们、敬重他们，愿意在心里给他们留一个位置。反之，如果但凡做点什么就生怕别人不知道，时时留痕、处处留痕，搞"痕迹主义"那一套，反倒容易遭人嫌恶，难以赢得他人的认可。

《人民日报》2020年4月3日第4版

PART 3

求真务实

> "了无痕",既是一种境界,也是一种智慧。事实证明,那些苦心孤诣想靠"留痕"达成一己之私的,往往事与愿违,"聪明反被聪明误";那些返璞归真、肯下一番"无痕"功夫的,最终却能超越庸常,赢得尊重与认可。有句歌词写得好,"什么也不说,祖国知道我"。只要敢立下"坐冷板凳"的志向、甘于做"地平线下"的工作,燃旺胸中的一团火、深挖事业的一眼泉,那么——即使功不在我,也必定功不唐捐;即使默默无闻,也终将收获充盈的人生。
>
> 《人民日报》2020年4月3日第4版

不贪一时之功、不为一时之誉、不计一事之成，敬终如始、绵绵用力，把本职工作抓到位，把解决难题抓到底，才能书写出彩人生。

《人民日报》2020年5月12日第4版

PART 3

求真务实

"所当乘者势也，不可失者时也。"实践证明，危机来了并不可怕，可怕的是迷惘、悲观和无所作为。面对风险和挑战，正确的态度应该是锤炼主动求变的胆魄，充分发挥积极性、主动性、创造性。不仅要乘势而上、抓住机遇，更要迎难而上、主动作为。

《人民日报》2020年7月10日第4版

年轻干部都有大干一番的热情和激情，这当然是好的。但必须把干事的热情和务实的态度结合起来，从实际出发，按规律办事，确保各项工作都经得起实践、历史和人民的检验。

《人民日报》2020年7月15日第5版

PART 3

求真务实

"虽有智慧，不如乘势。""势"是一种客观存在，标示着事物发展的形势、态势、趋势。认清形势、感知态势、洞悉趋势，不仅有利于从整体上把握方向、找准方位，也有助于在行动上精准发力、乘势而上，牢牢掌握工作主动权。

《人民日报》2020年10月19日第4版

立大志向，需扎实练内功、踏实每一步。志存高远当然是好事，但也别忘了，通往梦想的每一步，都需要脚踏实地。前进的道路从不会一帆风顺，实现中华民族伟大复兴的中国梦需要一代一代青年矢志奋斗。在学校时，青年人需努力学习文化知识，夯实专业技能，提高综合素质，努力成为兼具家国情怀和国际视野的全面人才；步入岗位，更要把科学文化知识与实践统一起来，磨炼意志品质，锤炼本领技能，丰富人生阅历。

《人民日报》2020年11月15日第5版

PART 3
求真务实

> 无论处于什么样的工作岗位,"注重实际、实事求是"都是办成事、办好事的重要方法论,都是解决实际问题的实招高招,都是成长成才的必由路径。
>
> 《人民日报》2021年9月9日第7版

世态万千，纷繁复杂，掌握实情并非易事。现象层面的累积，并不能呈现出事实的全部，甚至可能影响人作出判断；在某个时间、某个地点得出的结论，在其他时间、其他地点未必同样适用。这意味着我们既要注重调查研究、了解实际，还要增强"求是"的本领，要在深入分析思考上下功夫，去粗取精、去伪存真，由此及彼、由表及里，找到事物的本质和规律，找到解决问题的办法。

《人民日报》2021年11月23日第19版

PART 3
求真
务实

> 实事求是不仅是认识问题,更是一个实践问题。作任何一项决策,不但要看好的、有利的方面,还要学会从反面考虑,看到不利的方面。"兼听则明、偏听则暗",只有集思广益、综合分析,才能作出正确的判断。
>
> 《人民日报》2021年11月23日第19版

面向实际、脚踏实地、苦干实干,能够从实践中收获真知,也能涵养实事求是、求真务实的精神。

《人民日报》2022年5月19日第5版

PART 3
求真务实

到基层调查，要一下到底，寻求"源头活水"；既要抓点、搞好典型调查，也要注重调查研究对象的广泛性；敢于"钻矛盾窝"了解实情，少看花瓶和盆景，多看看后院和角落。用好交换、比较、反复的方法论，力求准确、全面、深透地了解情况，才能为进一步开展工作打好基础。

《人民日报》2023年4月10日第4版

事实证明，坐在办公室碰到的都是问题，深入基层看到的全是办法。搞好调查研究，才能找到改革发展的"金钥匙"。

《人民日报》2023年4月11日第4版

PART 3
求真
务实

> 明确目标方法，立行立改、马上就办，紧盯不放、一抓到底，真正做到问题不解决不松劲、解决不彻底不放手，方能扎实做好调研的"后半篇"文章。
>
> 《人民日报》2023年4月11日第4版

立足具体实践，精细化是推动工作落实的题中应有之义。面对复杂问题、现实难题，只有"把准脉"抓住症结，"开准方"对症下药，才能药到病除。

《人民日报》2023年4月14日第4版

PART 3
求真务实

> 事实是真理的依据，矛盾是事物发展的根本动力。现实中，真实的情况往往被表象掩盖、受距离阻隔，只有深入一线、掌握第一手材料，才能发现问题所在；也只有善于透过现象看本质，深刻把握问题实质和矛盾规律，才能"求解"出科学决策。
>
> 《人民日报》2023年6月8日第4版

要讲真话、干实事、求实效，一就是一、二就是二，既不要遮遮掩掩，也不要人为夸大。

《人民日报》2023年6月30日第5版

PART 3

求真务实

"少年负壮气，奋烈自有时。"青年人的精气神，在书本中涵养，更在实践中砥砺。实事求是、知行合一的哲学思想，一直是中华优秀传统文化的重要元素。从"纸上得来终觉浅，绝知此事要躬行"，到"读万卷书，行万里路"，从"知者行之始，行者知之成"，到"一语不能践，万卷徒空虚"，崇尚实践、重视实践的精神品格，以知促行、以行求知的辩证方法，滋养着一代代青年"行而不辍，履践致远"，在实践中学真知、悟真谛、长真才。

《人民日报》2023年8月21日第6版

课本是平面的，而世界立体生动；文字是无声的，而生活五彩斑斓。走进生活，走进实践，将"有字之书"和"无字之书"结合起来，在博万物中广其识，在涉世道中明其理，才能让青年人更好地汲取智慧、丰富思想、淬炼精神。

《人民日报》2023年8月21日第6版

PART 3

求真务实

> 抓落实绝非一时一日之功，也不是一朝一夕能至。要以"马上就办、真抓实干"的态度、"踏石留印、抓铁有痕"的劲头、"锲而不舍、驰而不息"的精神，始终保持一抓到底、一刻不松的韧劲与斗志，才能真正见到成效、收到长效。
>
> 《人民日报》2023 年 9 月 19 日第 9 版

未来是人一步步走出来的。一时还把握不了未来，却又急切地想看清未来，这往往成为许多人"成长的烦恼"。实际上，从来都不存在人人适用的"成功模板"，偏离世俗所谓的"成功"标准也并非就不值得。一个人的成长过程，总是在对各种可能性的尝试中，努力寻找着一个最适合自己的角色，并以此活出属于自己的精彩人生。千里之行始于足下，应将目光聚焦做好眼前、手边的事上，踏踏实实工作，积累经验，增长才干，积跬步终能至千里，视野不断拓展，未来之路越走越开阔。

《人民日报》2023年10月29日第6版

PART 3

求真务实

> 创新是一种探索性的实践，意味着走别人没有走过的路、做前人没有做过的事，总是与风险相生相伴，有时甚至荆棘丛生、困难重重。创新之路上，失败比成功更常见，真正的成功往往藏在无数次失败之后。
>
> 《人民日报》2024年1月8日第4版

"不日新者必日退"。生活总是将成功的机会留给善于和勇于创新的人,谁排斥变革,谁拒绝创新,谁就会落后于时代,谁就会被历史淘汰。新时代新征程上,做创新的引领者、推动者,转变不适应创新发展要求的思想观念、思维方式、行为方式和工作方法,行动要快些、再快些。

《人民日报》2024年1月8日第4版

PART 3

求真务实

> 岁月不居，时节如流。只有走在正确的道路上，才能做时间的朋友，在漫长的岁月中书写历史、创造诗篇。
>
> 《人民日报》2024年2月26日第4版

千条万条，不落实都是白条；千难万难，干起来就不难。

《人民日报》2024年4月12日第5版

PART 3

求真务实

干大事、谋长远，必须实事求是。提脱离实际的目标、干超越发展阶段的事，就可能"解决一个问题，留下十个遗憾"。

只"尽力"不"量力"，容易急功近利；只"量力"不"尽力"，往往缺少魄力。坚持尽力与量力相结合，才能管控好风险，确保改革落地见效。

尽力而为，必须乘势而上，看准了就抓紧干，奔着解决最突出的问题去，拿出"改革味要浓、成色要足"的举措，把各方面的干劲带起来。

量力而行，必须坚持一切从实际出发，深入调查研究，加强科学论证，多考虑条件成不成熟、环境配不配套、顺序正不正确、举措周不周全等问题，做到精准施策、适时适度。

《人民日报》2024年9月9日第4版

PART 4

坚持原则

发扬斗争精神绝不是逞强好胜、争勇斗狠,也不是盲目冲动、不讲变通,而是在坚持原则、坚定立场的基础上因时因势采取最为有效的行动,以达成既定的目标使命。

《人民日报》2019年1月30日第9版

PART 4

坚持原则

> 斗争是一种态度、一种方法，也是一种思维、一种智慧。敢于斗争、善于斗争，才能突破藩篱、攻克堡垒，最终赢得胜利，赢得尊严。
>
> 《人民日报》2019年9月4日第4版

斗争是一门艺术，敢于斗争还要善于斗争。要掌握斗争艺术，就要在斗争中认识客观规律，把握事物本质和前进方向，利用好时与势的有利因素，创造性地开展工作。

《人民日报》2019年12月30日第9版

PART 4
坚持原则

> 缺乏斗争精神、不担当不作为，不仅成不了事，而且注定坏事、贻误大事。
>
> 《人民日报》2020年1月13日第1版

当困难挡道、步履坎坷，当山重水复、歧路徘徊，我们不妨从攀登中借鉴破解困境、滋养信心的办法。攀登每向上一步，意味着迈过了一级困难，离目标更近了一步。攀登每向上一步，也意味着境界水平提升了一步，逐渐开拓出一片新天地。攀登可以克服困难、可以摆脱羁绊、可以快速突围，所以攀登总能给人以巨大的方向感、前进力和面向未来的希望。

《人民日报》2020年6月23日第4版

PART 4
坚持原则

> 越是攀登险峰，越是需要坚毅果敢的勇气，呼唤攻坚克难的能力。攀登中的每次抬脚都是一次挑战，行至险要处，甚至每跨一步都要付出巨大牺牲，唯有逼迫自己、激发潜力，才能刷新攀登高度。
>
> 《人民日报》2020年6月23日第4版

人是要有点精神的，奋斗精神是成功者永不过期的通行证。巴金说过："奋斗就是生活，人生只有前进。"奋斗精神就是吃苦受累、敢闯敢试的精神；就是胜不骄败不馁、愈挫愈奋的精神；就是无惧无畏、一往向前的精神；就是踏实勤勉、一步一印的精神。奋斗会有成功，也会有失败。网络上有这样一句发人深省的话：比起成功学，我们更该学习"失败学"。"志不求易者成，事不避难者进。"从挫折中走出来、在失败中站起来，不忘失败、不怕失败，便是生活的强者，便是奋斗精神的意义。

《人民日报》2020年7月16日第4版

PART 4
坚持
原则

> 坚持原则是具体的，体现于日常工作生活的方方面面。年轻干部要想成为可堪大用、能担重任的栋梁之才，就必须从细节做起，敢于坚持原则、勇于讲原则，不能被所谓面子问题所困。
>
> 《人民日报》2021年9月23日第4版

在某种意义上，讲原则最大的敌人，就是各种各样的私情和面子。现实生活中，有的人习惯"说好话""好说话"，搞一团和气，成了不顾原则、丢弃原则的"好好先生"；有的人"酒杯一端，政策放宽""枕边风一吹，耳朵根就软"，过不了人情关、面子关，成了"通情达理"的"温良绅士"；有的人不敢坚持正确的主张和意见，总是碍于他人的情面，习惯于顺风跑、顺杆爬、顺着说，态度暧昧、缩手缩脚，成了风吹两边倒的"墙头草"，等等。"盖天下之事，不难于立法，而难于法之必行；不难于听言，而难于言之必效。"原则是方向、规矩、底线，讲原则不讲面子，就应知行合一、不弃微末，从一点一滴做起，用行动诠释"法之必行""言之必效"。

《人民日报》2021年9月23日第4版

PART 4
坚持原则

> 讲原则，就要在是与非、对与错、好与坏、公与私等问题上，勇于亮明自己的态度、立场和观点；对则对、好则好、行则行，不躲闪、不回避、不暧昧。
>
> 《人民日报》2021年9月23日第4版

心底无私天地宽，真正讲原则的人，总是能够捧着一颗公心、不夹杂私利，任何情况下都始终做到没有私心、不徇私情。反过来讲，一旦私心杂念作祟、歪风邪气附身，原则的堤坝就极易溃败。毋庸讳言，坚持原则会得罪人，但为了事业、为了正气，就得拉得下面子、抹得开情面，敢于"唱黑脸"，做到既在大是大非面前讲原则，又在小事小节中讲原则。关键时刻讲原则不讲面子，才是真正的大义所在。

《人民日报》2021年9月23日第4版

PART 4

坚持原则

> 一个人境界高了，格局大了，不仅能提高抵御诱惑的定力、树立坚持原则的正气，还能增强许党报国、履职尽责的干事热情。
>
> 《人民日报》2022年1月21日第4版

心中有长远,做起事来才会保持定力、坚守原则。要把谋当下和谋未来统一起来,着眼未来谋当下。

《人民日报》2022年7月27日第11版

PART 4

坚持原则

> 坚定斗争意志不是好斗，而是当严峻形势和斗争任务摆在面前时，不能丧失斗志、态度暧昧、优柔寡断，而是骨头要硬、决不胆怯，敢于出击、敢战能胜。
>
> 《人民日报》2022年8月16日第11版

夺取斗争的胜利，不能逞强好胜、鲁莽行事，而是要善于把握规律，注重策略方法，下好先手棋，打好主动仗。

《人民日报》2022年8月16日第11版

> PART 4
> 坚持原则

> 顽强斗争的本领不是与生俱来的。经受严格的思想淬炼、政治历练、实践锻炼、专业训练，才能在大是大非面前敢于亮剑，在矛盾冲突面前敢于迎难而上，在危机困难面前敢于挺身而出，在歪风邪气面前敢于坚持真理。
>
> 《人民日报》2022年8月30日第11版

生活不会总是一帆风顺，前进的道路也不会永远一马平川，如何面对挫折影响人生走向。畏难者往往一蹶不振，迎难而上者却能越挫越勇，从战胜挫折、克服困难中汲取养分，砥砺自强不息的精神。前进道路上，机遇属于奋进者。让我们坚定信心，顽强拼搏，克服一切艰难险阻，用自己的双手打开事业发展新空间，做勇敢追梦人。

《人民日报》2023年9月13日第5版

PART 4
坚持原则

创新的实质效果是优胜劣汰、破旧立新。怕输结果就是常输，既然选择了创新之路，就必须放下惧怕失败的心理包袱，激扬"亦余心之所善兮，虽九死其犹未悔"的豪情。鲁迅有言："什么是路？就是从没路的地方践踏出来的，从只有荆棘的地方开辟出来的。"探路就是开路，试错就是扫雷，敢于走前人没有走过的路，为的就是铺就走得通、行得稳的大道、正路。

《人民日报》2023 年 12 月 7 日第 4 版

定力，不是与生俱来的，而是在一次次思想淬炼、政治历练、实践锻炼中得以提升的。干事创业，难免遇到各种困难和挑战，我们应锚定目标、坚定立场、勇毅前行，做一个有志气、有骨气、有底气的人；也会遇到各种纷扰和诱惑，我们应沉得住气、静得下心，学会用平和、淡泊乃至敬畏之心对待名利和权位，用珍惜、感恩和进取之心对待组织和事业，做一个心灵干净、高尚纯粹的人。

《人民日报》2024年5月21日第19版

PART 4
坚持
原则

> 方向确定了，就要矢志不移坚持下去，一步一个脚印，拾级而上，终能抵达目标。这山望着那山高，东一榔头、西一棒槌，往往抓不住重点、抓不好落实、做不出成绩，看似聪明，实则愚钝。
>
> 《人民日报》2024年7月11日第4版

追随热爱、追寻梦想需要勇气和毅力,年轻人要有这份勇气和毅力,才能抵达更远的山海,邂逅更美的风景。

《人民日报》2024年7月21日第5版

PART 4
坚持原则

自胜者强。世间事，没有随随便便的成功，也难有轻轻松松的捷径。物理学上有个弹簧效应：在一定范围内，给弹簧越大的压力，弹簧向上的弹力就越强。人同样如此。"和自己较劲"，肯定是艰难的、有压力的，但只有经历过这种艰难、承受住这份压力，人的潜能才能得到进一步激发，才能把压力转化为实现自身价值、干事创业的动力。

《人民日报》2024年7月25日第5版

PART 5

严于律己

不按客观规律看问题、办事情，是必然会失败的，也必定会受到惩罚的。如荀子言，"规矩诚设矣，则不可欺以方圆"。

《人民日报》2019年4月16日第4版

PART 5 严于律己

> 时时、处处、事事讲规矩,以"规"格物,以"矩"修身,心有所畏、言有所戒、行有所止,貌似无情,实则最有情、最负责任,最能把合规律性与合目的性有机统一起来,调动好各方面积极性为伟大事业共同奋斗。
>
> 《人民日报》2019年4月16日第4版

廉洁自律也是一种人生的大智慧。正所谓,"金玉满堂,莫之能守。富贵而骄,自遗其咎。"大凡有所成就的人,对待财富荣誉都有一种超脱的人生态度。在他们看来,廉洁自律能让人一生平安。反之,则会带来灾祸。

《人民日报》2019年9月18日第5版

PART 5

严于
律己

"建筑人格长城的基础，就是道德。"道德不仅是和谐社会秩序的基石，对个体而言，也是自我修为的价值彰显、人格魅力的美丽呈现。

《人民日报》2019年11月1日第4版

"君子敬以直内，义以方外，敬义立而德不孤"。"德不孤"，首要在于发挥个体主观能动性，发乎真心地讲道德、尊道德、守道德，从我做起、从现在做起、从小事做起。有人说得好："一个人做了这样或那样一件合乎伦理的事，还不能说他是有德的，只有当这种行为方式成为他性格中的固定要素时，才可以说他是有德的。"这提醒人们，锤炼个人品德，必须时时处处地提升，持久不懈地发力。一两件事上挺身而出见义勇为值得点赞，一辈子崇德向善、践行道义也值得敬佩。让个人品德积累于一点一滴中，绵绵用力、久久为功，善行义举必将蔚然成风。

《人民日报》2019年11月1日第4版

PART 5 严于律己

> 在生活富足的今天，崇尚艰苦奋斗不是要吃咸菜、喝白粥，而是要保持崇高远大的追求，拒当不思进取、坐享其成的守业者，保持那样一股"艰难困苦，玉汝于成"的创业劲头。以民为本，以廉为美，以清为荣，以干为乐，聚合起来的力量一定是谁也无法阻挡的。
>
> 《人民日报》2019 年 12 月 17 日第 4 版

荷出污泥而清雅，竹有虚心而高尚，松生贫瘠而威严。无论什么时候，"洁白朴素的生活"都不会过时，"愿意牺牲一切"的崇高信仰都值得尊崇。共产党员的安贫乐道，既是艰苦岁月的志存高远，也是和平年代的知止有定，更是复兴路上的凯歌以行。擦亮安"清贫"、乐"正道"的政治本色，必能凝聚起无坚不摧的精神动能。

《人民日报》2019年12月17日第4版

PART 5 严于律己

> 经常扪心自问、反躬自省,可以醒脑、明目、定神、修身,做到初心不改,信念不变,砥砺前行。
>
> 《人民日报》2020年1月21日第5版

对于"小错不算错""小节无害论"等错误观念，我们尤须警惕和防范，从小事小节上加强约束、规范自己。以"不矜细行，终累大德"来自励，以"莫见乎隐，莫显乎微"来自警，以"见善则迁，有过则改"来自省，才能筑牢廉政"防火墙"，不给歪风邪气、消极腐败留下入侵空间。

《人民日报》2020年3月3日第5版

PART 5
严于律己

> 漫漫人生路由无数细节琐事串缀起来，而每一处细节都可谓是重要节点。很多事情因没有重视小节而终无所成，不少事情因能够慎重对待小节而顺水顺风。重视起小事小节，人生才能有大成功。
>
> 《人民日报》2020年3月3日第5版

俗话说，人无俭不立。勤俭节约不仅是一种生活习惯，更体现着一个人的道德修养。《左传》有言："俭，德之共也；侈，恶之大也。"诸葛亮诫子："静以修身，俭以养德。"在中国人长久以来的价值观里，俭朴不仅是一种行为方式，更是一种大的德行，是培养良好道德的基础。因为一个勤俭节约的人，一定是一个自知、自律、自省的人。

《人民日报》2020年8月14日第4版

PART 5
严于律己

> 品行端正，做人才有底气，做事才会硬气。
>
> 《人民日报》2020年9月25日第4版

"人生的道路虽然漫长,但紧要处常常只有几步。"诚哉斯言,每个人的人生之路有上坡也有下坡、有平地也有高山、有缓流也有激流。但无论如何高低曲直、环境多变,都要守住自律自省自重的底线。古人警示,"德不配位,必有灾殃"。只有"正"字当先,保持清醒的头脑,才能不会被种种陷阱迷惑,始终保持人生航船的正确方向。

《人民日报》2020年9月25日第4版

PART 5 严于律己

行得正并不是一味地求"稳当",更不是要圆滑世故。稳是为了远,但离开了正而单纯求稳,就可能在四平八稳中走偏了道路,反而难以致远。正是前提,是方向;稳是节奏,是保障。在一定意义上讲,正与稳相辅相成。没有稳,正就无法体现;没有正,稳就无所凭借。心底无私天地宽,表里如一襟怀广,才是值得发扬的正与稳。

《人民日报》2020 年 9 月 25 日第 4 版

做人正直、做事正派,是立身之本、处事之基。树立正确的权力观、地位观、利益观,任何时候都要稳得住心神、管得住行为、守得住清白,方能不为虚名所累,不为利益所动,不断抵达理想人生的新高度。

《人民日报》2020年9月25日第4版

PART 5

严于律己

> 国无德不兴，人无德不立。一个人的品德，刻印于做人做事的细节，彰显于具体而微的点滴，关乎精神气质、格局境界。
>
> 《人民日报》2021年6月18日第4版

保持清醒和自觉，时刻严格约束自己，是一种高尚素养与修为。"吾日三省吾身""君子求诸己，小人求诸人""律己则寡过，绳人则寡合"……古往今来，严于律己、以高标准要求自我，成为无数仁人志士的追求。

《人民日报》2021年6月18日第4版

PART 5

严于律己

> 严于律己,"严"的是政治品质、纪律规矩,"律"的是思想操守、道德修养。
>
> 《人民日报》2021年6月18日第4版

"天下之难持者莫如心,天下之易染者莫如欲。"心,思也。"心中贼"就是对事物认识的各种思想偏差,各种各样的私心杂念、贪欲。一个人心中想什么、怎么想,往往影响和决定着做什么、怎么做。

"心中贼"是个可怕的东西,它会到处捣乱。有一种说法,叫做"有贼心没贼胆",其实有很大的欺骗性和误导性。事实证明,倘若心中有"贼",则容易灵魂被"俘"、思想被"腐"、气节被"劫"、情怀被"盗";倘若"贼心"不死,轻则变得偷偷摸摸,干些见不得人的事,重则发展到自毁前程、害人害己。

《人民日报》2022 年 3 月 21 日第 4 版

PART 5
严于律己

　　破"心中贼"，重要的是勇于跟"贼"搏斗，直至将其从心中赶出去。人不是生活在真空里，难免有"心门"没关严关实的时候，都或多或少溜进过"贼"。心中有"贼"不可怕，可怕的是麻木不仁、熟视无睹，更可怕的是任其潜滋暗长、恣意妄为。应当保持警觉，经常注意"捉贼"，勤掸"思想尘"，及时进行思想"大扫除"。内心干净、透亮，"贼"便无立足之地。如此，"歪点子""坏办法""馊主意"就没有藏身之地，私心杂念、贪欲就没有滋生蔓延的条件。

　　　　　　　　《人民日报》2022年3月21日第4版

破"心中贼",根本在于心正、守正。"物格而后知至,知至而后意诚,意诚而后心正,心正而后身修,身修而后家齐,家齐而后国治,国治而后天下平"。有大目标、大追求,笃定前行、矢志不渝,关好自己的"门窗",才能不给各种"贼"任何可乘之机。心正、守正,也就没有破不了的"心贼"。古人言:"寡欲以清心。"少一点私心杂念,则多一份公而忘私;少一点个人欲望,则多一份超然洒脱。要让心灵成为清静自在的乐园,而非欲念深重的泥潭。从某种意义上说,少私寡欲是一种境界,也是一种修为,更是破"心中贼"的重要法宝。

《人民日报》2022年3月21日第4版

PART 5

严于律己

> **心有所戒，行有所止。一个道德上有追求的人，往往对纪律重要性的理解也相对深刻，同时自身也有着高度的纪律自觉。青年人修身立德，必须把守纪律讲规矩摆在更加重要的位置。**
>
> 《人民日报》2022年5月20日第5版

古人言："罪莫大于多欲"。正心，就要明辨是非、少私寡欲，挡住诱惑、管住自己；明德，就要正心明道、怀德自重，明大德、守公德、严私德。

《人民日报》2022年8月1日第6版

PART 5

严于律己

　　明代思想家袁了凡在《了凡四训》中写道："一日不知非，即一日安于自是；一日无过可改，即一日无步可进"。"不知非"就会停滞在"自是"之中而不知"改过"，更遑论有所精进。保持"君子检身，常若有过"的警醒，坚持问题导向，及时检视发现自身不足，做到知耻而后勇，才能不断滋养初心，增进勇毅前行的动力。

《人民日报》2022年8月1日第6版

俗话说，针尖大的窟窿能漏过斗大的风。小洞不补、大洞吃苦，日积月累、积少成多，今天的一点小问题，或许就会成为明日的大麻烦。小事不可小视，小节不可失节，必须不弃微末、防微杜渐，做到慎微、慎初、慎独，建"防火墙"、设"隔离带"，坚决把"小火苗"挡在门外。

《人民日报》2022年8月16日第4版

PART 5 严于律己

> 欲事立，须是心立，青年唯有树立正确的道德认知，不断修身立德，打牢道德根基，严守纪律规矩，才能在人生道路上走得更正、走得更远。
>
> 《人民日报》2022年9月4日第5版

守纪律讲规矩方能不乱方寸。有规则意识、有纪律意识、有法治意识,就能不断增强遵规守矩的思想自觉和行动自觉,做到不放纵、不越轨、不逾矩,在思想道德修养上走在前列、争当模范。

《人民日报》2022年9月4日第5版

PART 5
严于律己

> 人的客观需要总是有限的。遏制贪欲，自我认识、自我觉悟、自我提升是关键。心态不失衡，行为就不会失范。经常修剪欲望，不为诱惑所动，才能筑牢廉洁的根基。
>
> 《人民日报》2022年11月23日第5版

> 严于律己,要外见于行。不能做的事坚决不做是底线,应该做的事一往无前、做到最好才是担当。
>
> 《人民日报》2022年11月29日第17版

PART 5

严于律己

养成俭朴之风，关键要从一点一滴做起，从日常生活严起，保持严肃的生活作风、培养健康的生活情趣，特别是要增强自制力，做到慎独慎微。

《人民日报》2023年6月16日第1版

古人言，"毋为私欲蔽"。体面的工作、广阔的前景、美好的生活……人生在世，总有各种各样的欲望。适度的欲望催人奋进，但过度的欲望，则会让人深受其苦。一个人能否控制自己的欲望，在诱惑面前多一些定力，对物质名利多一些淡然，摒除不当不义之欲，考验着一个人的品德，彰显着一个人的境界。

《人民日报》2023年6月26日第5版

PART 5 严于律己

"祸莫大于不知足,咎莫大于欲得"。弱水三千,取饮一瓢;广厦千间,夜卧六尺;良田万顷,日食三餐。人的物质需要总是有限的。已经拥有还不满足,明知烫手还要伸手,贪婪无度的心理最容易酿成恶果。

《人民日报》2023年6月26日第5版

"由俭入奢易，由奢入俭难。"防止沾染不良习气，进而养成不良作风，必须严于律己、修身养性，保持严肃的生活作风、培养健康的生活情趣，特别是要增强自制力。要做到人前人后一个样，台上台下一个样，大事小事一个样，尤其在私底下、无人时、细微处，慎独慎微、慎始慎终，真正把"俭朴"二字刻进日常生活的点滴中。

《人民日报》2023年7月4日第19版

PART 5
严于律己

> 古人云:"俭,德之共也;侈,恶之大也。"俭朴意味着适度、节用、合理的生活方式,蕴含着以艰苦奋斗为荣、以骄奢淫逸为耻的道德品质。俭朴的习惯和作风能使人不役于外物,成为一个自由而富有尊严的人。相反,奢靡享乐不仅浪费资源,更会腐蚀人的心灵、消磨人的意志。
>
> 《人民日报》2023年8月30日第9版

当凡人微光聚成火炬,照亮的是整个社会,温暖的是每个人的心灵。在日常生活中,一句温柔而暖心的话语,一段寻常而坚定的守候,一个果敢而勇毅的举动,都足以迸发震撼人心的力量。存善念、行善举,从此时做起,从小事做起,从你我做起,凡人善举就能在润物无声中散发出光和热,成为推动社会向上向善的强大正能量。

《人民日报》2024年1月11日第5版

PART 5

严于律己

　　一个人明确了什么是高尚、什么是耻辱，才能自觉遵守行为规范，反之就容易把不住自己，堕入腐败深渊。正心明道、怀德自重，才能做到不放纵、不越轨、不逾矩。

《人民日报》2024年1月22日第4版

勤俭节约是中华民族的传统美德。"俭，德之共也；侈，恶之大也""克勤于邦，克俭于家""静以修身，俭以养德"，这些古语都是在告诫人们要力戒奢侈浪费，坚持勤俭节约，养成不贪图安逸、向上奋进的品格。勤俭节约不仅关系个人修养，也关系一个国家、一个民族的发展兴衰。

《人民日报》2024年2月28日第9版

PART 5
严于律己

应当认识到,追求美好生活与勤俭节约、艰苦奋斗并不矛盾。艰苦奋斗并非节制消费,过清心寡欲的生活,而是反对奢侈浪费、不思进取,提倡克勤克俭、励精图治。要始终牢记由俭入奢易、由奢入俭难,不能沉迷物质享受、浪费劳动果实。

《人民日报》2024年2月28日第9版

谦逊低调就要严以律己、宽以待人。这样做，会淡然面对自己的成绩、不贪功，热情点赞他人取得的成绩、不嫉妒；会在遭遇挫折时勇于反思自我、寻找问题症结，同时在他人遇到困难时真诚嘘寒问暖、及时伸出援手。也只有这样做，才会在心态上理性平和，在言辞上和风细雨，在行为上务实低调，从而真正赢得尊重。

《人民日报》2024年5月15日第4版

PART 5
严于律己

> 刀在石上砺，人在事上磨。不在具体的事上反复锤炼摔打，只在脑袋里搞思想修炼、境界提升，终究是靠不住的。日子一久、处境一变，不免"年与时驰，意与日去"，出现松劲懈怠，甚至半途而废、背离初衷。
>
> 《人民日报》2024年5月29日第9版

纪律规矩就像道路上的红绿灯、标识标线，让行人、车辆清楚何时行、何时止，哪儿可以走，哪儿不能去，看似造成了限制，实则为了更安全有序的通行。倘若对纪律规矩不上心、不掌握、不了解，就容易把不住方向、踩不住刹车，发生事故，酿成悲剧，追悔莫及。

《人民日报》2024年6月25日第19版

PART 5 严于律己

把遵规守纪刻印于心，内化为心中守则，不断增强纪律自觉、加强自我约束，才能做到不放纵、不越轨、不逾矩，清清白白做人、干干净净做事，努力创造经得起实践、人民、历史检验的实绩。

《人民日报》2024年9月25日第9版

民间有句谚语：低头的麦穗，昂头的稗子。意思是越是成熟饱满的麦穗，越会把头垂得很低，而果实空空的稗子，才会在风中昂头招摇。谦逊低调的人，往往能够放低身段、见贤思齐，心存敬畏、戒骄戒躁；往往能够与群众保持密切联系，不会在工作和生活中搞特权行为。

《人民日报》2024年10月16日第9版

PART 5

严于律己

按规律办事与按规矩做事是相辅相成的。规律指明方向,规矩划定边界,规矩体现了规律。只有在规律和规矩的共同指引下,各项事业才能有序开展、不断发展。

《人民日报》2024年11月14日第9版

PART 6

苦练本领

学习是跟上时代、为己赋能的强大引擎。我们依靠学习走到今天,也必然要依靠学习走向未来。奋进新时代,无论团队还是个人,都需要在学习赋能中更新自我、重塑自我、完善自我,以新知识新动能为羽翼,抵达"昨夜江边春水生,艨艟巨舰一毛轻"的佳境。

《人民日报》2019年2月11日第4版

PART 6

苦练本领

> 人的记忆力有相当的局限性，人的理解力亦需要多重辅助。动手记下要点，动手写下感受，动手转发给师友，便多了一种理解的可能性。应当既读万卷书，又行万里路；既从书中汲取营养，又将知识应用于现实；既以书为友，又以实践为师……在一个崇尚奋斗的时代，青年人既不能做"书呆子"，也不能做"清谈客"，知识中的相当一部分必须与现实对接，书本中的文字需要在纸张外落地生根。
>
> 《人民日报》2019年4月21日第5版

读书滋养美好心灵，可以遇见更好的自己，看到更美的世界。所谓"耕读传家久，诗书继世长"，重视学习、重视诗书，千百年来融入中国人的血脉里，成为中国特有的文化禀赋。

《人民日报》2019年5月8日第4版

PART 6

苦练本领

阅读是一种超越世俗的力量。今天我们提倡多读书、读好书,并不是为了满足"书中自有黄金屋"的功利心,缓解"书到用时方恨少"的紧张感。读书足以怡情,足以长才。少一点对物欲的追求,多一点对知识的渴求;少一点无谓的应酬,多挤一点时间读书;少一点人云亦云的跟风,多一点独立思考的精神,人生境界就能达到崭新高度,活出不一样的精彩自我。

《人民日报》2019年5月8日第4版

青年是人生成长的重要时期，也是苦练本领、增长才干的黄金时期。就像水稻的生长分由苗而秀、由秀而实等几个阶段，人生的成长也有不同的时期，而青春恰如植物之"秀"——抽穗扬花的阶段，这一阶段能吸收多少养分，也决定着以后所结出的"实"的大小。

《人民日报》2019年5月15日第9版

PART 6

苦练本领

把学习作为首要任务,作为一种责任、一种精神追求、一种生活方式,树立梦想从学习开始、事业靠本领成就的观念,让勤奋学习成为青春远航的动力,让增长本领成为青春搏击的能量。

《人民日报》2019年5月15日第9版

抓住青春年华,下一番苦功夫,练好"内功",才能蓄满青春能量,走好人生之路。

《人民日报》2019年5月15日第9版

PART 6

苦练本领

　　刚刚踏进社会，没有人能保证每一次都会被公平对待，但一定要保持善良；没有人能保证每一次付出善意都会有回应，但一定要坚持善良。善良不是一种无力的妥协，恰恰相反，善良是对生活最有力的回答。因为善良不意味着懦弱，有时坚守底线必须付出巨大勇气；善良也不是一味迁就，有时候善良需要嫉恶如仇。做到善良，并不意味着能带来什么报偿，因为善良本身就是最好的报偿：一个人守住了自己的善良，无论说什么、做什么都能问心无愧，就能吃得香、睡得踏实、活得心安。它就像一束光，把生活里每一个昏暗时刻照亮。

《人民日报》2019年7月14日第5版

年轻时期是学习的黄金期，有为的年轻人正是用学习来提升新能力，再用增强的新能力来冲破已有的限制、探求新的边界、延伸新的领域，进而拓展自己人生的深度和广度，并在这样的正循环中，不断成长、成熟，最终实现自我超越。

除了学习，还要磨砺自己的抗挫折能力。挫折和失败是成长路上的必修课，因为挫折打击而萎靡不振，或因畏惧失败而躲在"舒适区"，那么挫折就是失败的代名词。只有勇于面对挫折，理性选择办法，敢于突破自我，挫折才可能成为值得回忆的风景和人生的宝贵财富。

《人民日报》2019年9月8日第5版

PART 6 苦练本领

> 年轻人应该保护好自己追求新奇、新知的热情和兴趣。这些是成长路上的"发动机",会为其冲破"条条框框"、探寻新"地盘"提供不竭的源动力,也是清除和突破"自我设限"的重要源泉。
>
> 《人民日报》2019年9月8日第5版

在一些"捷径"的诱惑下，有些年轻人偏离了下笨功夫、练基本功的正途。其实，那些所谓捷径通往的注定不是成功的彼岸，反而可能是泥潭和陷阱，即使暂时有了获益，却可能形成路径依赖。年轻人还是要有长远眼光，喜欢写作就要坚持深度思考、字斟句酌，喜欢表演就要坚持艺术学习、锤炼演技，喜欢设计就要殚精竭虑、锐意创新，如此才能慢慢积累优势，到达别人到不了的高度和境界。

源远者流长，根深者叶茂。那些稳扎稳打、靠实力取胜的年轻人，终将走在阳光大道上。锚定根本不放松，不东张西望，才算是扣好了职业生涯的第一粒扣子。

《人民日报》2019年12月1日第5版

PART 6

苦练本领

练基本功不仅要吃苦，还要慢下来。要学会放慢脚步，耐住性子。年轻人容易有急于求成的心理，追求立竿见影的效果。但正如世间没有包治百病的灵丹妙药，在各个行业领域也不可能有一蹴而就的捷径可走。跳水界有个说法叫"十年磨一秒"，运动员入水那一秒的姿态决定了成绩，但为了这一秒，要用十几年的时间来重复练习转体、抱膝、反身等基本动作。其实各个行业都有这"一秒"的荣光，它会酬报所有的努力，但无不需要日复一日、年复一年的训练、领悟和改进。

互联网时代，年轻人有很多便捷渠道可以找到解决问题的办法，但临时抱佛脚式的零敲碎打，无法解决遇到的更多新问题，也无法让你走得更远。为什么不做那个分享知识和经验的人呢？风华正茂的年轻人理应有更远的愿景和更大的抱负，稳扎稳打、聚沙成塔，成就更好的自己。

《人民日报》2019年12月1日第5版

一般来说，知识文化重在学，道德修养重在修。今天，知识更新的周期不断缩短，人们通过及时学习实现了水涨船高。然而，也有的人只注重这种知识文化的及时补充，却忽视了道德修养的修炼养成。有的人升迁了，却开始有架子；有的人名气大了，却忘记了谦逊；有的人面对名利，只想着去争，从不想自己是否够格。凡此种种，都值得我们警惕。

人的思想境界高低，表现为思想修养、道德水准、审美观点和终极关怀等方面的优劣。境界决定人的品位，品位决定人格，人格决定生命的意义和价值。由此，我们应当关注并重视精神境界的培养，每个人都应把追求崇高精神境界作为一种自觉和习惯。

《人民日报》2019年12月4日第5版

PART 6

苦练本领

> 为梦想奔跑的人们，年复一年，步履不停，留下了无数细小的轨迹，交织、汇聚成时代前进的足音。
>
> 有人勇立潮头，有人紧跟时代，有人逆境奋起，有人赤诚闯荡……生活有多少可能性，他们就有多少种追梦的姿态。不同的姿态，折射的是同样向上的力量，让自己变得更好，也让栖居的这片土地变得更加美好。
>
> 《人民日报》2019年12月24日第12版

时间的意义,永远都是被奋斗者赋予的。没有什么比失掉时间更不幸,没有什么比紧握机遇更可贵。

《人民日报》2020年1月7日第4版

PART 6
苦练本领

> 学习和工作的最大敌人是自我满足，只有不断反思检身、永不自满，提升理想信念境界和思想理论水平，才可以脱离旧的自我、取得新的进步。正像登山，停下脚步休憩蓄能，并不耽误持续不断地向上攀登。
>
> 《人民日报》2020年1月20日第4版

一位学者说得好,读书的时候,我们的心灵会变得更加辽阔和宽广,坚韧而顽强,也使我们获得温馨、宁静的内心世界以对抗外部世界的喧哗和浮躁。困难时刻,阅读之所以能给人以力量、给人以希望,也正在于此。

《人民日报》2020年4月23日第5版

PART 6

苦练本领

> 阅读虽不能改变人生的长度,却能延展人生的深度和厚度,还能塑造个人的品质和气象。
>
> 《人民日报》2020年4月23日第5版

读一本好书，如攀登一座高峰。人到半山，固然也能欣赏到美景，但只有继续往上攀爬，才能领略"会当凌绝顶，一览众山小"的无限风光。古人把读书称为"攻书"，认为只有"攻书"到底才能融会贯通，道理正在于此。

《人民日报》2020 年 4 月 23 日第 5 版

PART 6

苦练本领

一个热爱阅读的人，心中必有"诗和远方"，也自有日常生活的春夏秋冬。阅读从来不是要让人双脚离开大地，从来不是鼓励人们远离生活，恰恰相反，是要让人即便遭遇困难，依然能够勇毅前行，即便知道人生路上总有坎坷，依然能够笑迎挑战。阅读给人带来的，不是消极和虚无，而是希望和力量，是雄健的精神和解决问题的方法。

《人民日报》2020年4月23日第5版

"风雨阴晴君莫问,有书便是艳阳天。"在这个世界上,如果说有什么事情拥有恒久魅力并令人沉醉其间,读书便是其中之一。宋人翁森云:"读书之乐乐何如,绿满窗前草不除""读书之乐乐无穷,瑶琴一曲来薰风""读书之乐乐陶陶,起弄明月霜天高"。孔子"韦编三绝",陶渊明"每有会意,便欣然忘食",杨万里"半山绝句当早餐"……回溯历史,古人留下许多有关读书的佳话。阅读,凝结着超越时空的力量。

《人民日报》2020年5月16日第4版

PART 6

苦练本领

　　过硬的本领是核心竞争力，实打实学到的东西、增长的本事，无论走到哪里，都是最轻便、最有用的行囊，随时随地铺陈，便是一番新天地，关键时刻还能派上大用场。

《人民日报》2020 年 6 月 14 日第 5 版

一个有着丰富社会阅历的人，在成长的过程中必然会遭遇各种矛盾困难和风险挑战。所以那些见多识广的人，往往遇到风浪不会惊慌失措、自乱阵脚，碰到问题心中有数，应对自如。

《人民日报》2020年12月17日第4版

PART 6

苦练本领

> 事业是锻炼本领的沃野,有事业心才能立身立业。
>
> 《人民日报》2022年8月24日第4版

责任是成就事业的基石，有责任感才能尽职成事。梦想不能信手拈来，成功不靠纸上谈兵，举凡奔忙打拼的人，无不是有着强烈责任感的人。

《人民日报》2022年8月24日第4版

PART 6

苦练本领

> 事实上，那些立身靠本事、取胜靠实绩的人，从来都不采华名、不兴伪事。拒绝形式主义，凭借真学问、真才干、真本领、真成绩把自己熔炼成真金，方能真正赢得认可和信赖。
>
> 《人民日报》2022年9月23日第5版

读书是学习,实践也是学习,要坚持在干中学、学中干,使政治素养、理论水平、专业能力、实践本领适应时代的发展要求。

《人民日报》2022年9月29日第7版

PART 6

苦练本领

青年人精力充沛、思维活跃、接受能力强，在长本事、长才干的大好时机，像海绵吸水一样汲取知识，积累逐梦远航的动力，才能不断提高与时代发展和事业要求相适应的素质和能力。

《人民日报》2022年10月27日第9版

大凡成就大业者、贡献杰出者、勇赴使命者、舍己为人者，无不是经历几番潜心学习、艰苦锻炼、奋斗打拼，才为世所识、为人所赞。磨砺始得玉成，笃行方能致远。拿出"燕子垒窝""老牛爬坡"的劲头，在工作实践中战风雨、斗寒霜，在严峻复杂的斗争中砥砺心性、强壮筋骨、增长才干，才能琢磨成器、百炼成钢，最终有所成就。

《人民日报》2022年11月9日第5版

PART 6

苦练本领

"言念君子,温其如玉"。正如美玉经得起岁月的淘洗,美德懿行耐得住时间的检验和人心的评判。以人比玉,由玉及人,我们每个人都需要更加勤勉,用时间和汗水雕琢自己,努力成为一块"美玉",永远散发洁净通透的光泽。

《人民日报》2022年11月9日第5版

"欲事立，须是心立。"摒弃骄娇二气，还须在锤炼心性上下功夫。应向吃苦耐劳、敢于斗争的老一辈学习，向爱岗敬业、拼搏奋斗的身边榜样学习，吃得了苦头、耐得住寂寞、守得住清贫、顶得住压力，磨砺意志，提升敢干事、能干事、干成事的能力素质。

《人民日报》2022年11月22日第18版

PART 6

苦练本领

干事创业，要勇于迈出第一步，才有机会找到破解难题的路子。怕就怕步子还没迈，先打退堂鼓，这不是"三思后行"，而是不敢担当、不善作为。

《人民日报》2023年2月10日第11版

在风雨中增长才干,要做起而行之的行动者。庭院里跑不出千里马,温室里长不出万年松。躲在"舒适圈"中坐而论道、驰于空想,是难以收获成长的。到现实中、在奋斗中摸爬滚打,研究现实矛盾,实践胸中所学,才能不断提高本领、积累经验。

《人民日报》2023年2月19日第5版

PART 6
苦练本领

> 脚踏实地的路上，难免遇到挫折。青年人应努力做到"受挫而不短志"，目标坚定、目光长远，不为一时一事所惑，不因暂时的困难停下前行的脚步。或许一次考试成绩不够理想，或许第一份工作不够满意，或许客观条件暂时受限，只要志气在，不放弃追求与探索，人生便有无限可能。
>
> 《人民日报》2023年4月2日第6版

实践出真知，实践长真才。"物有甘苦，尝之者识；道有夷险，履之者知。"坚持在干中学、学中干，实现实践与认识的相互促进、循环往复，往往能有效推动工作，同时提高学习效率，增强自身能力。

《人民日报》2023年4月3日第4版

PART 6

苦练本领

前进道路上，我们必须增强工作前瞻性，提高敏锐性和洞察力，善于看海面上航船的"桅杆"，练就草摇叶响知鹿过、松风一起知虎来、一叶易色而知天下秋的见微知著能力，准确识变、科学应变、主动求变，在顺应大势、把握机遇中赢得未来。

《人民日报》2023年4月14日第4版

精其选、解其言、知其意、明其理，阅读既要学会读"厚"，结合兴趣志向不断增加阅读量，争取广闻博览；也要学会读"薄"，把阅读所积累的知识融会贯通。

《人民日报》2023年4月20日第5版

PART 6
苦练
本领

"学如弓弩，才如箭镞"，阅读是一个需要长期坚持的过程。面对日新月异的世界，要保持"挤劲""钻劲""韧劲"，在阅读中享受乐趣、感悟人生、获得成长，让读书成为一种生活方式，至千里之远、成江海之大。除了读"有字之书"，还要读"无字之书"，注重学习人生经验和阅历感悟，以阅读升华精神、濯净心灵。

《人民日报》2023年4月20日第5版

"读万卷书，行万里路"，要在祖国大地上躬身践行，让青春在火热的实践中绽放绚丽之花。在读的广度上，不但要从书籍中汲取知识，更要向他人、向社会、向实践学习，注重读、思、行结合，在实践中经受磨炼、得到提升。在读的深度上，不能把读书学习狭义理解为学习知识，应该坚定理想信念、陶冶道德情操、培养创新精神、提高担当能力，激发好奇心、想象力、探求欲，培养科学思维方式和探究能力，避免陷入"少知而迷、不知而盲、无知而乱"的困境。

《人民日报》2023年4月20日第5版

PART 6

苦练本领

> 书页里，蕴藏着万千气象。人们徜徉其间，看成败、鉴得失、知兴替，情飞扬、志高昂、人灵秀，知廉耻、懂荣辱、辨是非，既能汲取知识雨露，也能吸收思想精华，学以益智、学以励志、学以立德、学以修身，在春风化雨中得到成长与淬炼。
>
> 《人民日报》2023年4月24日第4版

人生理想的风帆要靠奋斗来扬起。向着战胜困难奋斗，可以磨炼一个人的意志品质。向着美好生活奋斗，可以提升一个家庭的幸福指数。向着共同理想奋斗，可以改变整个社会的风气面貌。美好理想，从来不是唾手可得，都离不开筚路蓝缕、胼手胝足的艰苦奋斗。

《人民日报》2023年5月12日第4版

PART 6

苦练本领

人们都说"年轻就是资本",并不只是青春焕发的身体,还包括乐于吃苦的能力和不怕困难的勇气。温室里长不出参天大树,懈怠者干不成宏图伟业。只有经历过无数困难的磨炼,才能收获成长,不断进步。青年人应该坚信,人生没有白走的路,也没有白吃的苦。

《人民日报》2023年5月28日第5版

青年在成长的过程中，会收获成功和喜悦，也会面临困难和压力，很可能尝到失败的苦楚。如果过于计较一城一地的得失，甚至遇到挫折和困难就放弃，必定走不长远。青年要始终保持初生牛犊不怕虎、越是艰险越向前的勇毅，在不断战胜各种挑战中超越自我，方能"苦尽甘来"。

《人民日报》2023年5月28日第5版

PART 6

苦练本领

古人云："非学无以广才，非志无以成学"。善于学习、勤于学习，是克服"本领恐慌"、成为行家里手的关键。只有保持"业精于勤荒于嬉"的清醒认识，砥砺"吾生也有涯，而知也无涯"的学习品格，增强"一物不知，深以为耻，便求知若渴"的求知精神，才能练就"独当一面""胜人一筹"的真本领、硬功夫。

《人民日报》2023年6月9日第4版

闪亮的梦想,依靠奋斗打磨。每一项事业,不论大小,都是踏踏实实、一点一滴拼出来、干出来的。青年时期是苦练本领、增长才干的黄金时期,最忌好高骛远、浮于空想,最怕做事三天打鱼、两天晒网。

《人民日报》2023年7月11日第4版

PART 6
苦练本领

> 只有像海绵汲水一样不断汲取知识，扩大知识的半径，才能不断充实自我、提升本领、增长才干，使自己的思维视野、思想观念、认识水平跟上越来越快的时代发展步伐。
>
> 《人民日报》2023年8月18日第6版

"为山者，基于一篑之土，以成千丈之峭；凿井者，起于三寸之坎，以就万仞之深。"古往今来，但凡事业有成者，都具备一个不可或缺的重要品质，就是专心致志、强学力行，对理想持之以恒、锲而不舍。"绳锯木断，水滴石穿""积跬步至千里，积小流成江海""宝剑锋从磨砺出，梅花香自苦寒来"，这些古语都是对这一精神的诠释。每一件事情、每一项事业，不论大小，都是靠一点一滴干出来的。只有扑下身子从小事做起、从点滴做起，才能积点成线、织线成面，最终干出成效、做出成绩。

《人民日报》2023 年 9 月 27 日第 13 版

PART 6 苦练本领

葆有"一辈子办成一件事"的执着，并不是不动脑筋地盲干蛮干，日复一日地重复机械劳动，而是要专心投入事业，潜心研究工作，不断学习本领、增长才干，在钻研中成为行家里手，在思考中创造性地开展工作。学问尚精专，研摩贵纯一。坚持学习、学习、再学习，实践、实践、再实践，做到干中学、学中干，学以致用、用以促学、学用相长，这样才能干一行、专一行，既提升自己的能力，又推动事业不断发展。

《人民日报》2023年9月27日第13版

向下扎根，才能更好地向上生长。"学如弓弩，才如箭镞。"青年时期是汲取知识、增长才干的重要时期，须将学习当作一种责任、态度和习惯，在奉献中打好扎实的基本功，不断汲取养分、茁壮成长。"键对键"代替不了"面对面"，基层一线也是学习课堂，青年人既要多读"有字之书"，也要把田野热土当作广阔课堂，多读"无字之书"，走进乡土中国深处，去田间地头"接地气""沾泥土"，夯实专业技能、丰富知识储备，在实践中激发潜能、积累经验，做到厚积薄发、行稳致远。

《人民日报》2023年12月24日第5版

PART 6

苦练本领

> 立身百行，以学为基。青年时期学识基础厚实不厚实，影响甚至决定自己的一生。广大青年要如饥似渴、孜孜不倦学习，保持一股持之以恒的韧劲，在学习阶段把基石打深、打牢，才能为青春蓄满能量。
>
> 《人民日报》2024年2月18日第5版

一寸光阴一寸金。在广袤田野、在建设工地、在创业平台、在实验站房,人们正用不懈奋斗、担当作为回馈时光、不负梦想。岗位上精准利用好每一分每一秒时间,才能够创造出更多推动经济社会发展进步的宝贵财富。历史证明,惟奋斗才能不负时间,惟实干才是把握历史主动的方法。

《人民日报》2024年2月26日第4版

PART 6
苦练本领

> 只要在工作岗位上全力以赴、精益求精，练就一身真本领，每个人都能收获属于自己的精彩人生。
>
> 《人民日报》2024年3月3日第5版

年轻人处于事业的成长期,难免会遭遇在一段时期内坐冷板凳的状况。有的人能够泰然处之,耐得住寂寞、忍得了冷清、沉得下心境,把冷板凳坐得有温度、有宽度、有高度;有的人则不愿、不敢、不屑坐冷板凳,吃不得苦,受不得累,只想做看得见、摸得着的事,不愿做打基础、利长远的事,在拈轻怕重中蹉跎岁月。愿意坐冷板凳,凭的是一种心境。有执着的信念、超脱的心态,方能将冷板凳坐得住、坐得稳。

《人民日报》2024年4月14日第5版

PART 6

苦练本领

现代社会，生活节奏加快，一些人感叹"没有时间读书"，一些人习惯于浅阅读、碎片化阅读，对大部头、经典著作等望而却步。我国古人把读书称为"攻书"，蕴含的正是"钻深研透"的方法。毛泽东同志曾生动比喻："忙可以'挤'，这是个办法；看不懂也有一个办法，叫做'钻'，如木匠钻木头一样地'钻'进去……非把这东西搞通不止"。读书需要付出辛劳，不能心浮气躁、浅尝辄止，利用好点滴时间，拿出"攻书到底"的劲头，坚持不懈、悉心钻研，读懂弄通吃透，才能让书本知识真正为我所有。

《人民日报》2024年4月23日第4版

古人讲"读万卷书,行万里路"。读书与实践的结合,一方面是证之于实践,给书本上的知识"挤挤水",得到知识"干货",实现去伪存真;另一方面是用之于实践,把书本知识转化为能力,在实践中有所创造,达到学以致用、学用相长的目的。

《人民日报》2024年4月23日第4版

PART 6

苦练本领

青年成才贵在有恒。"一万小时定律",说的是持续在一个领域深耕一万个小时,每个人都有可能成为一个领域的专家。相反,如果心思不放在深耕岗位技能上,上个岗位还没熟悉就跳到下个岗位,看似忙忙碌碌、风风火火,结局很可能半途而废、一事无成。成才的诀窍不在巧,而在拙,最重要的是守住本心下苦功夫、下笨功夫。陈望道在翻译《共产党宣言》时将墨汁误当成红糖仍甘之如饴,鲁迅"把别人喝咖啡的时间"用来写作……青年要长真本事、真才干,就要找准自身定位,笃定心神勤修内功,踏实学习补齐短板,在擅长的领域深耕钻研,等待厚积薄发的时刻。

《人民日报》2024年5月26日第5版

在快节奏的社会，慢下来、静下心，保持干事的定力和韧劲尤为难得。然而，互联网上，不乏几天就学会某项技能的广告推送，有关"一夜暴富"的故事在一些年轻人中也有一定市场。受此影响，有人追求"短平快"，凡事求捷径；有人浅尝辄止，不肯沉心静气下一番功夫，最终只能蹉跎了岁月。一分耕耘，一分收获。成功不会从天而降，唯有一开始就端正态度，下一番苦功夫、笨功夫，才能在历练中成长，实现个人价值。

《人民日报》2024年7月7日第5版

PART 6 苦练本领

正确的方法是成事的必要条件。无论是运动员、工匠,还是研究者,其中的佼佼者必定既勤奋努力又掌握了科学方法。对于年轻人来说,书本和实践都是学方法、长本领的重要途径。在书海遨游,到一线历练,都能让人受益无穷。有了行之有效的办法,再加上刻苦的练习、孜孜不倦的努力,方能干出一番业绩。

《人民日报》2024年7月7日第5版

"腹有诗书气自华"，书卷气是学识涵养、理论功底的外显。保持学习习惯，善于从书本中汲取营养，不仅能增强思辨能力，廓清思想迷雾，还能陶冶心性和情操。书卷气强，遇事有静气，行事有朝气，干事有灵气。提升书卷气，也有利于熨平傲气、娇气、俗气。

《人民日报》2024年10月11日第4版

PART 6

苦练本领

"心心在一艺，其艺必工；心心在一职，其职必举。"执着专注，干一行、爱一行、钻一行，是青年人成就事业的必备品质。

《人民日报》2024年10月13日第5版

成就自己的人生理想、担当时代的神圣使命，需要青年人提高内在素质、锤炼过硬本领，努力追求人无我有、人有我优、技高一筹，不断突破自我、创造奇迹。

《人民日报》2024年10月13日第5版

PART 6

苦练本领

> 面对众多选择,青年人要迈稳步子、夯实根基、久久为功,一步一步往前走,努力以十年磨一剑的韧劲,以"一辈子办成一件事"的执着,成就有价值的人生。
>
> 《人民日报》2024年10月13日第5版

出 版 人：刘华新
策 划 人：欧阳辉
责任编辑：周海燕　孙　祺
装帧设计：元泰书装

ISBN 978-7-5115-8108-2

定价：68.00元